中等职业教育技能人才培养培训创新教材

（酒店服务与管理专业适用）

# 康体服务

左　剑　主编

中央广播电视大学出版社

北京

**图书在版编目（CIP）数据**

康体服务/左剑主编. —北京：中央广播电视大学出版
社，2011.9

中等职业教育技能人才培养培训创新教材

ISBN 978-7-304-05271-3

Ⅰ．①康… Ⅱ．①左… Ⅲ．①文娱活动－中等专业
学校－教材 Ⅳ．①G241.3

中国版本图书馆 CIP 数据核字（2011）第 194714 号

中等职业教育技能人才培养培训创新教材
（酒店服务与管理专业适用）

**康体服务**

左　剑　主编

出版·发行：中央广播电视大学出版社

电话：营销中心 010-58840200　　　　总编室 010-68182524

网址：http://www.crtvup.com.cn

地址：北京市海淀区西四环中路 45 号　　邮编：100039

经销：新华书店北京发行所

策划编辑：李瑞琪　　　　　　　封面设计：何智杰
责任编辑：沈力匀　　　　　　　责任版式：张利萍
责任印制：赵联生　　　　　　　责任校对：王　亚

印刷：北京市平谷早立印刷厂　　　印数：0001～2000
版本：2011 年 9 月第 1 版　　　　2011 年 9 月第 1 次印刷
开本：B5　　　　印张：13　　　　字数：239 千字

书号：ISBN 978-7-304-05271-3
定价：20.00 元

# 中等职业教育技能人才培养培训
# 创新教材丛书编审委员会成员

顾　　问　　葛道凯　宋　建　张　辉

　　　　　　余祖光　杨　克　李怀康

　　　　　　姜丽萍　武马群　李燕泥

　　　　　　刘　臣　任　岩　李　珺

主　　任　　孙　旭

副 主 任　　王文槿　许　远

委　　员　　孙庆武　赵海千　付建军

　　　　　　张进军　张　岗

# 本书编写组

主　　审　　王文槿　许　远

主　　编　　左　剑

副 主 编　　黄德林

组织编写　　中央广播电视中等专业学校

# 序

　　职业教育改革发展和我国经济发展方式转变、产业结构调整联系紧密，职业教育反映了劳动者的素质和能力，而劳动者的素质反映了产品的质量和服务的水平，因此职业教育决定着国家的核心竞争力。职业教育通过提高劳动者素质促进人民群众实现体面劳动和有尊严的生活。《国家中长期教育改革和发展规划纲要（2010—2020 年）》（以下简称"纲要"）为职业教育的改革发展明确了战略目标、工作任务和政策措施。为贯彻落实纲要精神， 我们要深化办学模式、培养模式、教学模式和评价模式改革，整合职业教育资源，推进教产合作、校企一体化建设，努力构建技能型人才培养的新模式。为贯彻落实纲要精神，我们要推进教学环境、专业设置、教材应用、教学方式、队伍建设和管理制度等关键环节的创新，进一步形成职业教育办学特色，激发行业、企业和学校的办学活力。目前，教育部正在以提高职业教育质量作为重点，努力做到职业教育在布局结构、专业设置、办学规模、育人质量上与培养高素质产业工人、新型农民和新市民的要求相适应，更好地为加快经济社会发展服务。

　　中央广播电视中等专业学校（以下简称"中央电中"）在专业教学和课程改革的探索，符合我国职业教育改革的新形势、新需要，引人瞩目，具有重要的参考价值。2008 年以来，中央电中从研究技能人才的成长规律和培养模式入手，开展新专业建设，努力把握社会职业需求和学生学习需求，结合中等职业教育的现状，尤其考虑了远程中等职业教育的特色，采用科学的课程开发方法，开发了计算机应用、家政服务与管理、酒店服务与管理、电子商务、数控技术应用、物业管理、物流服务与管理共 7 个专业（8 个专业方向）的专业教学方案。2009 年，教育部职业教育与成人教育司批复上述 8 个专业教学方案，同意在广播电视大学系统中等职业教育层次实施。2010 年，中央广播电视中等专业学校、中央广播电视大学出版社根据上述专业教学方案组织沈阳职业教育与成人教育研究室等单位，启动了"中等职业教育技能人才培养培训创新教材出版工程"，开发了一批体系新、实用性强、具有操作性的职教新课程、新教材。

　　通过新专业建设，明确了电视中专的远程职业教育模式，并提出了"职业导向，突出技能学习；灵活学制，支持终身职业教育；手段多样，彰显远程教育特色"的建设目标。这些专业教学方案突出技能培养，将有关的国家职业技能标准要求融入其中，为落实学历证书和职业资格证书并重的"双证书教学模式"探索出了可行的途径，为提高毕业生就业能力创造了有利条件。

专业的改革要落实到课程教材的创新中，中央电中在专业教育方案和配套课程建设方面进行了有益的探索。一是努力改革职业素质培养方式和内容，力求做到工业文化进校园，企业文化进课堂，职业文化进课程。二是为改革职业能力的教学模式提供了支持，努力贯彻职业教育的专业与职业岗位对接、职业教育的教材与岗位技术标准对接、职业教育的教学过程与生产过程对接、学历教育与职业资格证书对接的设计思路。三是在教材设计上突出了中央电中的远程教育特点，技能培训与学历教育相结合，为学校教育与职业培训并举，全日制与非全日制并举提供了学习支持条件，为各级电视中专教学系统组建面向人人、面向社会的全县域职教培训网络提供了课程资源，为推进职业教育与终身学习对接提供了条件。

希望教材编者们继续努力，针对岗位技能要求的变化，增加行业企业一线人员参与编撰，在现有教材基础上开发具有补充性、更新性和延伸性的教辅资料，依托企业研发贴近新兴产业、新职业和新岗位的校本教材。

教育部职业技术教育中心研究所副所长

中国职业技术教育学会副会长

# 序

  当前，我国经济发展方式的转变对我国技能人才的培养培训提出了新的更高的要求。2010 年通过的《国家中长期人才发展规划纲要（2010—2020 年）》中指出"完善以企业为主体、职业院校为基础，学校教育与企业培养紧密联系、政府推动与社会支持相结合的高技能人才培养培训体系。加强职业培训，统筹职业教育发展。……改革职业教育办学模式，大力推行校企合作、工学结合和顶岗实习。……在职业教育中推行学历证书和职业资格证书'双证书'制度。"因此，今后一段时间，根据社会经济发展对技能人才的新要求，进行职业技能类课程改革将是一项十分有意义的重要工作。

  我们很高兴看到，中央广播电视中等专业学校积极开展新专业建设，深入研究中职技能人才的培养培训模式，努力把握社会职业需求和学生学习需求，结合中等职业教育的现状，尤其考虑了远程中等职业教育的特色，采用先进、科学、成熟的课程开发方法，开发了一批专业教材。这些专业教材突出技能培养，较好地将有关的国家职业技能标准要求融入其中，为毕业生就业创造了有利条件。

  希望有关人员总结经验，更多地开发职业性、实用性强的课程教材，为提高职业学校学生技能水平作出应有的贡献。

中国就业培训技术指导中心副主任

# 出版优质职业教育教材，推广专业建设成果

## ——"中等职业教育技能人才培养培训
## 创新教材出版工程"说明

为了推进职业教育课程改革，落实学历证书和职业资格证书并重的"双证书教学模式"，更好地培养技能人才，中央广播电视中等专业学校（以下简称"中央电中"）加大了专业建设工作力度，对原有的专业进行了改革。

在新专业建设过程中，中央电中努力把握社会职业需求和学生学习需求，结合中等职业教育的现状，尤其考虑了远程中等职业教育的特色，采用先进、科学、成熟的课程开发方法，首批开发了计算机应用、家政服务与管理、酒店服务与管理、电子商务、数控技术应用、物业管理、物流服务与管理共7个专业（8个专业方向）的专业教学方案。这些专业教学方案突出技能培养，通过"双证课程"的形式将有关的国家职业技能标准要求融入其中。

通过新专业建设，中央电中明确了电视中专的技能人才培训模式，并提出了"职业导向，突出技能学习；灵活学制，支持终身职业教育；手段多样，彰显远程教育特色"的模式特征。其主要特点介绍如下：

"双证课程"是专业建设中的亮点之一。它是指在专业教学方案中与本职业标准要求紧密对应的一组课程。专业教学计划中设置的5门"双证课程"融入了对应国家职业标准的全部技能点，使用该方案组织教学，便于学生在完成规定课程的学习并通过考核后，取得国家相应级别的职业资格证书，为毕业生就业创造有利条件。

中央电中还积极依托有关课题研究，推动专业建设。2008—2009年，中央电中参加了原劳动和社会保障部《技能人才职业导向培训模式标准研究》课题研究工作。上述8个专业建设方案是该课题子课题《电视中专技能人才职业培训模式研究》的研究成果。在课题研究过程中，中央电中吸纳了职业技能培训鉴定领域的专家的意见和建议。2009年12月，研究成果通过了人力资源和社会保障部职业技能鉴定中心的结题验收。

2009年，教育部职业教育与成人教育司批复上述8个专业教学方案，同意

在广播电视大学系统中等职业教育层次实施。

为了进一步做好专业建设工作，推广课程开发产生的先进教学资源，中央电中、中央广播电视大学出版社共同启动了"中等职业教育技能人才培养培训创新教材出版工程"。在全国范围内遴选有关教师，以及在教育部职业技术教育中心研究所、人力资源和社会保障部职业技能鉴定中心的有关专家、学者的指导下，我们开发编写了首批8个专业的教材。这些教材的开发贯彻了如下原则：

（1）理念创新：根据新时代对技能人才的需求，策划出版一系列体现教学改革最新理念、内容领先、思路创新、突出实训、成系配套的中等职业教育教材。

（2）方法创新：根据专业培养培训方案，配套开发"双证教材"，填补空白，突出热点，注意将教材内容与职业资格证书进行衔接；积极更新开发部分通识学历课程教材，体现职业教育的特点，强化职业素质和职业核心能力的培养。对部分教材，提供"课件"、"教学资源支持库"等立体化的教学支持，方便教师教学与学生学习。

（3）内容创新：在教材的编写过程中，力求反映知识更新和科技发展的最新动态，将新知识、新技术、新内容、新工艺、新案例及时反映到教材中来，更准确地体现职业活动现场要求，把握职业能力形成的心理顺序和职业资格的基本要求。

"中等职业教育技能人才培养培训创新教材出版工程"所出版的教材不仅适合电视中专相关专业教学使用，也可供其他各类中等职业教育学校使用。首批8个专业教材的开发得到沈阳市职业教育与成人教育研究室的鼎力支持，特致谢意。

中央广播电视中等专业学校

2010 年 2 月

# 前 言

　　为配合职业教育体制改革，适应目前中等职业教育发展的趋势，落实学历证书和职业资格证书并重的"双证书教学模式"，更好地培养技能型人才，我们编写了《康体服务》这本教材。本书主要供中等职业学校旅游管理专业学生使用，也可作为企事业单位相关从业人员培训、自学参考用书。

　　本书特点鲜明，体系完整，共分为七章，结合我国饭店业康乐经营的实践，系统地介绍了饭店康乐管理的理论知识与服务技能。鉴于康乐行业的特点，本书尤其注重应用性，书中应用大量饭店康乐经营管理的案例，便于知识的掌握和应用，同时突出实践性，具有一定的前沿性。本书特点如下：

　　一是详细编写了有关康乐项目的知识。主要介绍了康乐项目设施，让学生了解设施的特点、性能，运动要求、规则，场地设施设备的作用、保养和管理，并能针对康乐项目对学生进行示范、陪练，使其毕业上岗后将康乐服务和管理工作做得更好，成为康乐部门的复合型人才。

　　二是康乐部管理运行具体化。编者参观走访了康乐企业，把成功企业的运作程序、管理制度、服务规程直接引用到教材中，使教学和实际工作（岗位）紧密结合，具有较好的实用性。

　　三是结构新颖，分类清晰，内容实用。本书打破了以往康乐类教材的结构和分类方式，从企业运作管理实际出发，贴近职能岗位，内容简洁实用，思路线条流畅，方便易学。

　　本书由左剑主编，黄德林副主编，左剑对全书进行统稿、编纂并定稿。但由于时间仓促，编者编写经验不足，同时，可参考的书籍不多，本书还存在一些不足之处，敬请读者批评指正。

# 目　　录

# 第一章 康乐部概述

## 课程导入

随着现代社会生产力水平的极大提高，人们生活水平不断提高，余暇时间增多，生活空间拓展，价值观念也在发生变化，这些变化都促进了人们对精神生活需求的进一步提高，人们也越来越追求精神生活的享受。在这种追求过程中，人们更加关心自己的身体和心理健康，关注生活中一切美的享受，追求健康、积极、美好的生活方式，越来越多的人希望借助康乐行为进行有益于身体健康和精神健康的活动，通过富有乐趣、轻松的康乐活动达到放松身心、调节心理、增加活力、锻炼人的意志、提高健康水平的目的。饭店康乐部正是在这种市场需求下迅速成长起来的一个部门，并正成为现代人追求超前生活享受、提高健康水平和丰富余暇生活的最佳场所之一。目前，现代康乐活动越来越成为人们日常生活中不可缺少的内容，花钱买健康已成为一种消费意识和时尚。21世纪，康乐活动必将成为现代人们社会生活的主题。

"康乐"的定义可以从字面上得到直接的解答：健康、娱乐的意思，就是满足人们健康和娱乐的一系列活动。康乐的内容主要包括：健身体育活动、休闲消遣活动、娱乐活动、文艺活动、声像活动、美容活动等。它涉及时装、健美、卫生、审美趣味、心理、体育等方面的知识，因而它成为一个内容十分广泛的涉及社会科学、自然科学有关领域的"边缘科学"。

## 第一节 康 乐 概 述

## 学习目标

★了解康乐活动的历史及概念。

**相关知识**

康乐活动作为人类文化的重要组成部分是随着人类社会的发展而逐渐形成和发展起来的。据史学家和考古学家的研究，人类早在原始时代就把走、跑、跳跃、投掷、攀登、爬越等作为最基本的生产劳动和日常生活的技能进行记录、总结，除了强身健体之外，并作为本领传授给下一代。这些人类早期生存活动，也是康乐活动的萌芽。康乐活动的发展与教育、军事、科学技术的发展，以及人们的宗教活动、休闲娱乐活动有着密切的关系。

在原始社会，部落之间战争频繁，所以产生了带鼓动和操练性质的军事舞蹈。广西壮族自治区宁明县花山崖壁画中有远古骆越民族（壮族祖先）的乐舞场面，舞蹈动作多是双手上举、两腿叉开，舞姿粗犷有力。而流传于江西、广西、贵州、湖南等省、自治区的傩戏则是一种从原始傩祭活动中蜕变脱胎出来的戏剧形式，是宗教文化与戏剧文化相结合的产物，积淀了各个历史时期的宗教文化和民间艺术。

在汉代除了"防身杀敌"、"以立攻守之胜"的实用之拳术外，还出现了观赏性和健身性的象形舞，如"沐猴舞"、"狗斗舞"、"醉舞"，还有"六禽戏"、"五禽戏"等。在绚丽多姿的中华传统文化宝库中，这些既可健体强身又可防身御敌，深受广大人民群众喜爱的运动项目，伴随着我们的先民与大自然、社会环境进行斗争的历史，在岁月的长河中经过不断地充实和发展，使我们中华民族整体健康素质得到了极大提高。

同样，国外的康乐活动也出现得很早。古埃及人创造了古老而灿烂的文明，康乐活动是古埃及文明的重要组成部分，主要包括皇室成员进行的皇室活动和普通的埃及人民进行的民众康乐运动。其中皇室康乐活动往往笼罩着王权和宗教崇拜的气氛。为了表现自己的威力，皇室成员对一些能展示其力量的活动投入了巨大的热情，主要有跑、弓箭射击，最主要是驯马和驾车，还有娱乐消闲的一些活动，如下棋。这些活动除了具有军事意义外，也为皇室带来了刺激与快乐；而普通埃及人的康乐活动则产生于生产实践中，流于简单，甚至还夹杂着些原始野蛮的味道，但具有很大的实用功能，主要内容为跑步、跳、摔跤、棒击、拳击、游泳、船战等。

工业革命后的时期，由于闲暇时间逐渐增多，人类的康乐休闲活动的表现形式更加丰富，旅游、体育、游憩活动成为了人们业余生活的主要内容。20世纪以后，康乐休闲消费活动得到了进一步提升和发展，特别是近几十年，智能化和信息化的发展为人们享有更多的康乐休闲机会和项目奠定了坚实的物质基础，康乐项目如雨后春笋，保龄球、滑冰、台球在各地风行一时，电子游戏、卡拉 OK 更是风靡世界，新的康乐项目如桑拿、按摩、模拟高尔夫球、动感电影等，也随着科技的发展而得以不断开发。甚至野外探险、攀岩、蹦极、高岸跳水、热气球旅行等危险性较大的项目也有许多人情有独钟。应该说，康乐休闲的形式发展到当今已经是种类繁多，包罗万象。

随着社会的进步，经济、科学、文化、交通、旅游等方面都有了长足的发展，康乐业发展得也非常快，康乐消费大市场的形成已经是客观事实。在欧美和日本等经济发达国家，康乐行业已经发展得相当成熟，康乐场所也逐渐成为文化交流之地，并出现了"康乐文化"。在有些城市或地区，康乐行业已经成为当地经济发展的支柱产业，形成了康乐经济。我国目前也有多个城市确定以发展康乐休闲经济来带动第三产业的发展，如成都、杭州等著名旅游城市将未来发展定位为"休闲之都"。

# 第二节　康乐部在饭店中的地位与任务

## 学习目标

★熟悉现代饭店康乐部的地位和任务。

## 相关知识

我国康乐业起步较晚，因此，在饭店中，康乐部可以说是一个新兴的部门，最早只是一个不起眼的附属部门，常常被视为只是装点门面的一个"装饰品"。随着人们的旅游观念有了改变和居民收入水平的提高，饭店客人对康乐的需求也在逐渐扩大，康乐部的地位日益突出。康乐满足了人们在物质水平达到一定条件下日益追求的精神需求，这种需求是社会发展的必然，因此当今的许多饭店已经发展成集餐饮、住宿、购物、康乐为一体的综合性经济实体。为客人提供康乐设施和服务已成为我国饭店业发展的一大趋势。

## 一、饭店康乐部的地位

1. 康乐部是评定现代饭店等级必备的项目和重要条件

为规范旅游饭店市场，完善饭店的多功能化，要求经营者确保经营产品的质量，迅速与国际饭店的标准接轨，我国国家旅游局早在 1993 年颁发的《旅游涉外饭店星级评定标准》中提出了详尽的要求，按照饭店星级评定标准的规定，康乐部是高星级旅游饭店不可缺少的部分。不具备较好、较完备的康乐设施和条件，一个旅游饭店无论在其他方面如何优越，都不能被评为高星级饭店。

2003 年国家旅游局重新审定《旅游涉外饭店星级的划分及评定》（GB/T 14308—2003），对康乐部有了进一步的明确要求，根据《旅游涉外饭店星级的划分及评定》中有关设备设施评定标准及相关服务项目要求，康乐项目群、康乐设施中大部分内容调整到加分项目中，除了必备的康乐项目外（如健身房、游泳池、美容美发中心等），其他特色项目选择群包括歌舞厅、地方特色的民俗风情表演，如茶道、民歌、民族舞蹈，饭店坐落于或毗邻 AAA 级景区，大型高尔夫球场或大型滑雪场，饭店专用的沙滩、温泉或海滨浴场、网球场，不少于 4 道的保龄球室、桌球室、乒乓球室、高尔夫练习场、射击场或射箭场、溜冰场、潜水或冲浪、游艇、儿童康乐室、室内游泳池、一年内不少于一半时间可以使用的室外游泳池以及其他运动休闲项目，均被列为加分的项目。同时星级越高，要求的康乐项目也就越多，其中对于三星级以上饭店的康乐硬件提出了非常具体的数量要求，三星级饭店至少应具备 11 项康乐项目，四星级饭店至少应具备 28 项，五星级饭店应具备 35 项。而星级越高，设施档次质量要求也越高。这些规定都在无形中推动了饭店康乐设施的发展，也说明康乐是饭店不可或缺的一部分。实际上随着康乐业的发展，饭店中的康乐设施与项目内容已远远超出了相应星级规定的要求，由此可见，康乐部在高星级饭店中的地位是何等的重要。

### 2. 康乐部是饭店营业收入的重要来源

饭店开设众多康乐服务项目，并不仅仅是为了评定星级而虚设的。它主要是为了扩大业务经营范围，稳定地招徕更多的客源，增加经济收入而设置的。不论是国内饭店还是国外饭店，饭店康乐部应该是当今饭店形成的几大部门中成立最晚的一个部门，但是它的发展速度却非常快。由于现代人对休闲娱乐、健康健美等精神需求越来越大，康乐部的规模也在快速扩大。完善的康乐设施设备，优雅的康乐气氛环境，成为了吸引旅游者和当地公众的重要因素。以至于不少旅游者常常根据某饭店的康乐设施和环境，或对某一康乐活动特别感兴趣而投宿；而当地公众也乐于到康乐设施齐全、质量优质的饭店进行休闲消费或社交。据不完全统计，旅游饭店所在地区有 70%的青年人喜欢到这些饭店的对非住宿人员开放的康乐中心去玩乐。而对于那些住宿的客人来说，参加康乐活动对于他们也是必不可少的活动之一。

正是由于康乐享受越来越受到旅游者和公众的青睐，饭店康乐部的经济效益也收到了意想不到的效果，直接经济收益和间接经济收益的双丰收，使其与客房部、餐饮部并列成为饭店创收的主要部门，甚至在有些饭店，康乐部已经超过其他部门，成为饭店第一大部门。很多旅游热点的饭店，特别是首都、旅游城市和经济较发达地区的饭店，饭店康乐部的收入已超过饭店总收入的1/3，成为饭店经济收入的重要来源之一。

3. 新颖独特的康乐项目是强化饭店经营特色的重要手段

营销理念告诉我们，当两种品牌相近时，则需要差异化经营战略，即推出与对手不同的特色产品来彰显个性、突出风格，进而形成独特的品牌。饭店实施差异化经营战略的关键在于推出不同于竞争对手的特色产品来吸引消费者，以前饭店的特色主要体现在餐饮、客房的总体质量的提升以及饭店等级的提升，然而当达到一定程度后，饭店的星级层次有限，食宿提升的幅度就相对的比较小了，因此饭店餐饮、客房的同质化越来越严重，使得饭店根本无法突出特色。而康乐部却是最好地体现一个饭店经营特色、具有独特性的部门。由于康乐项目的可选择性非常多，文化性强，而没有一个饭店可以完全满足所有消费者的需求，或者说没有任何一个饭店能设置所有的康乐项目，因此选择一些时尚、流行或者其他饭店设置相对少的项目，很有可能就成为一个饭店的经营特色。目前有许多饭店已经依靠康乐项目形成了自己的特色品牌，如以京剧为特色的北京前门饭店的老舍茶馆；以现代化的歌剧院为独特品牌的杭州国际大厦雷迪森广场酒店。而有许多饭店依靠自身的地域优势，也把康乐项目确立为饭店的特色项目，如高寒地区度假饭店设立高山滑雪和探险项目，海滨度假饭店设立海底潜水和海上帆板运动，山地度假饭店设立登山和攀岩运动项目，温泉附近的度假型饭店设立的温泉保健项目。还有一些饭店投入大量资金建设跑马场、射击场、实战模拟游艺场、高尔夫球场、钓鱼池、保龄球等作为自己饭店的特色项目。应该说现代饭店已经充分认识到了康乐项目在强化饭店经营特色方面的重要作用。

4. 康乐部服务质量是饭店服务质量的重要组成部分

现代饭店业是一种综合性强的服务行业。康乐部作为体现饭店经营水准的重要业务部门之一，是饭店服务质量的重要组成部分。康乐服务质量包含了饭店满足客人需求的所有特征，在服务的时间性、功能性、安全性、舒适性、文明性上都有着更高的要求，再加上康乐部各营业项目存在着相当的差异性，分布面广，工种多，专业性强，消费方式、计价方式、服务方式差别较大，且某些服务项目的敏感性和营业环境的复杂性，从而形成康乐服务的多样性和复杂性。任何一个环节出现差错，都会影响到对客服务质量，影响到饭店的整体声誉。因此，要将这样一个复杂的部门的服务做好，其难度可想而知。可以说，康乐部的服务质量代表着整个饭店的服务水准。

## 二、康乐部的主要任务

康乐部的主要任务就是满足顾客在康乐方面的需求。

### 1. 满足客人健康的需求

"财富有价，健康无价"，健康是人生的无价之宝。在全面建设小康社会的今天，健康尤为重要，健康长寿是人类的美好追求，据科学家研究表明，人类的寿命应该在 120 岁左右，然而由于不良的生活方式和行为，使人类的寿命大大低于这个数字。当今有许多人已经认识到了这一点，获取健康的方式也越来越被重视。饭店康乐部为顾客提供了许多健康的生活方式，康体项目可以满足顾客的锻炼需求，如健身举重、骑自行车、游泳、打球、体操、器械锻炼等，保健项目可以满足顾客的保健需求，如桑拿浴、按摩、足浴、吸氧等。这些项目都可以使人们身体更加健康，减少疾病。此外康乐部的美发和美容服务还可以满足顾客形象健康的需求。

### 2. 满足客人娱乐的需求

娱乐的需求历来就有，也是现代人们不可缺少的一种需求。现代化社会，人们的物质越来越丰富，生活越来越方便，闲暇时间也越来越多，但精神压力却越来越大。因此，人们经过紧张的工作后，希望能通过某些娱乐活动来填充精神生活。饭店康乐部的娱乐项目如围棋、麻将、扑克、电子游戏机、夜总会、卡拉 OK 歌厅等不仅仅能提供短暂的欢愉，更重要的是它可以使人减轻压力，放松心情，消除紧张，增进身心对环境的适应能力，提升个人成就感，领悟生活的乐趣。这也是人们热衷于参加康乐活动的一个重要原因。因此，康乐部的任务应包括为顾客提供娱乐服务，以满足他们娱乐的需求。

### 3. 满足客人求知的需求

社会的进步、物质的丰富促进了人们对美好生活的追求，康乐活动的方式和内容是人们文化生活的反映。现代人觉得对康乐的投资是非常必要的，通过参与或享受康乐服务，不仅有益于身心健康，还是一种自我学习、自我完善的教育过程，有助于人们学习康乐基本知识和基本技能、发展体能、培养人际交往的能力、增强自信心、培养协作精神和竞争意识等，许多人通过参与康乐活动，如通过保龄球活动，了解和学习到了保龄球的知识、技术技巧、比赛规则、礼仪礼貌等。因此在康乐服务过程中，服务员应耐心、细致、正确地为顾客介绍康乐项目的知识、技术技巧、比赛规则、礼仪礼貌等，特别是技术技巧的指导服务，这不仅关系到顾客求知的需求，同时也关系着顾客的安全及设施设备的人为损坏问题，如健身房的运动器械使用，带有电脑显示的自行车、跑步机等的使用，以及一些技术性很强的康体项目都需要服务员向不熟悉该项运动的顾客提供技术上或规则上的服务，以满足他们在学习和掌握运动技能技巧方面的需求。

### 4. 满足客人安全的需求

做好设施设备的安全保养工作，满足顾客安全的需求，为他们提供一个既安全又舒适的休闲环境，是康乐部的基本任务之一。

一方面，任何一项康乐活动都可能存在着不安全因素，例如，打保龄球可能出现滑倒、摔伤或扭伤的危险，游泳时可能出现溺水的危险等。这需要康乐服务员在服务时，时刻注意顾客的活动情况，及时提示顾客注意按照安全规范参与康乐活动。另一方面，随着设备使用次数的增加、使用时间的延长、累计客流量的增加，设备的损耗和老化就会加快，不安全因素也会增加。如果不注意设备的检查和保养，也有可能给顾客带来某种伤害。例如，水滑梯的接口如不及时检修，就可能发生划伤事故；游泳池附近的地面如果滋生青苔，就可能使顾客滑倒摔伤；在保养保龄球道时如果不及时擦干净遗落在发球区的球道油，也可能使顾客滑倒摔伤；电子游戏机等用电设备如果漏电，就可能发生触电事故，等等。因此，康乐部的一项重要任务，就是要把这些不安全因素降到最低限度，所以，每天必须在客人使用之前对设施设备做一次检查，并对运动器械设施、场地进行安全保养，对存在安全隐患的器械要随时更换，以满足顾客的安全需求。

### 5. 满足客人卫生的需求

康乐场所的卫生工作不仅影响到饭店的形象，而且还关系到客人的身体健康。作为一个高雅洁净、客流量大，设备使用频繁的场所，它的卫生工作量是非常大的，其卫生工作在康乐部的经营活动中占有很大的分量。康乐部由于项目设置多，且各项目之间在康乐内容、设备结构、使用方法等方面存有差异，因此各项目的卫生要求也不一样。如康体项目中，健身器械设备（特别是手柄）、保龄球的租用球鞋、游泳池的池水等；娱乐项目中，游戏机的手柄、卡拉OK使用的话筒等；保健项目中的桑拿浴室的座位、按摩池水、美容美发的设备、器具等，都是与客人直接接触，都是清洁和消毒工作的重中之重，但其消毒、清洁的标准和方法是各异的，如池水需要循环过滤并且应该每天定时投药消毒。不同的消毒方法需要用不同的化验方法进行监测，其阈值应保证符合卫生防疫部门规定的标准。美容美发的设备、器具要用酒精等药物消毒，有些用具还需要用紫外线灯照射消毒。

此外，环境卫生也非常重要，保持地面卫生，严格控制噪声，积极采取措施降低噪声强度，保持空气清洁，经常通风和消毒，空气的温度、湿度要控制适当，采光照明要符合规定。

6. 满足人们社交的需求

马斯洛需求层次告诉我们，当人们满足了基本的生理、安全需求后，人们会追求更高层次的需求，即社交。人际的交往，可以促进理解、信任、交流感情等，增加人们的归属感和交际圈。休闲是交际活动的最好时机，在休闲中，人们的精神、心理和身体放松，气氛融洽，有舒畅感，容易沟通思想，消除隔阂，弥补裂痕，增进人们的情感交流。因此，饭店康乐部不单单是给客人提供一个康乐休闲的场所，它还有一个更现代的意义——为人们提供了一个结识朋友、交流感情、交换信息的重要交际场所，甚至还承担着人们洽谈业务、寻找生意伙伴等功能。

有人举证说，在高尔夫球场上与人进行商业谈判比在谈判桌上更加有效，因为在一杆击打后留下了足够的时间让双方去思考一个最好的回应方案，不会像在谈判桌上那样，因为思考而显得冷场、尴尬和窘迫。这使得交际的双方既保持了自己的独立性，又能够卓有成效地实现彼此之间的交流和沟通。人们喜欢选择诸如高尔夫球之类的康乐休闲活动作为交际的手段，其本质亦在于此。

# 第三节　饭店康乐部的组织机构

## 学习目标

★ 了解康乐部组织机构设置的原则。
★ 掌握康乐部组织机构设置的模式。

## 相关知识

组织机构又称为组织结构，是指组织内各部分及层级之间确立的相互关系的形式。组织机构是饭店各级、各部门开展业务经营活动的组织保证，也是设置各级人员的工作岗位、分配岗位职权的基础。康乐部是整个饭店组织机构中的重要组成部分。为保证饭店康乐部各项业务的正常开展，必须要有科学、合理的组织机构，同时康乐部也要处理好与其他机构的关系，这是搞好康乐部管理的重要保证。

## 一、康乐组织机构设置的原则

### 1. 组织形式必须适应经营设置的原则

康乐部的组织形式是要为康乐部的经营服务。其机构要适应经营业务，出于需要而设置机构。例如：有些饭店把康乐部设为餐饮部下属的一个分部，这可能是由于其康乐部规模较小，而卡拉OK餐厅又是与餐厅结合在一起的，因此归到餐饮部便于管理；有的饭店把康乐部划归客房部；而有的饭店则设置与其他部室平行的康乐部。这是各家饭店康乐部的主要形式。对于不同的设置形式不能说哪种合理，哪种不好，因为这些形式都是根据当时当地的实际情况而确定的，是按需要设置机构的。

### 2. 机构设置必须科学的原则

康乐部内部的机构设置，必须明确其功能和作用、任务和内容、工作量是否合理以及和其他项目的关系等。特别要注意发挥其正常运行的作用，即经营管理、控制、督导等作用。设立机构之后接着就应配备相应的管理人员。每个岗位都应有明确的职责、权限和实际工作内容，这样能够适应有效的指挥跨度，避免机构臃肿、人浮于事。

### 3. 等级链和统一的原则

等级链是一条权力线的链锁，在其每个环节上都应该有相应的权力和职责，下级只接受一个上级的领导，不能由多头领导。统一原则是指康乐部必须是一个统一的有机体，统一划分各分部门的职权范围，统一制定主要的规章制度，统一领导康乐部各项下属项目的工作。

### 4. 因人用才的原则

康乐部的设置机构有利于发挥各级人员的业务才能，发挥他们的主观能动性。人各有优缺点，要善于根据员工的长处而担任相应岗位。例如，有游泳特长并懂得救生知识的人可以担任游泳池的主管。

## 二、康乐组织机构设置的模式

根据饭店的档次、经营规模、服务项目、康乐部在饭店中的地位和作用，不同的饭店在设置康乐部的组织机构时有不同的做法。随着康乐业的不断发展，康乐部门越来越受到重视，因此，它的组织结构模式也越来越趋于合理化。目前，康乐部在饭店中的机构模式具有代表性的主要有以下三种。

1. 康乐部作为平行部门模式

在这种模式中，饭店的康乐项目较多，每一个康乐项目都有一定规模，康乐部作为一个独立的服务部门，与饭店的各大部门并列。其结构模式如图 1-1 所示。

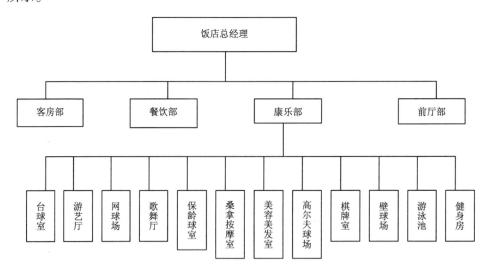

图 1-1　康乐部作为平行部门模式

这种模式有利于对康乐部进行专业管理，提高管理效率，为客人提供满意的服务；也有利于饭店内部的经济核算，便于饭店管理者进行企业经营状况的分析。这种设置方式还有利于提高康乐部人员的积极性，充分发挥现代康乐设备设施的创收潜能。平行部门模式一般适用于康乐项目较多，其收入在饭店总收入中占有重要地位的大中型高级饭店。由于这种模式在欧美国家采用得比较早，也比较普遍，因此称之为欧美模式。

2. 康乐部作为依附部门模式

这种模式的饭店大多康乐项目少，难以形成一个独立的部门，因而将康乐部设在某一个重要经营部门之下，饭店一般根据所设置的康乐项目的消费、服务性质特点及与部门之间的紧密关系程度来确定，或隶属于客房部，或隶属于餐饮部。以便更好地为住店客人提供综合性服务。其结构模式如图 1-2 所示。

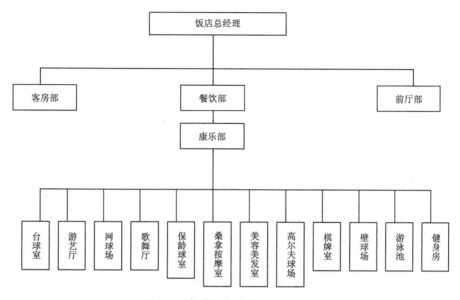

图 1-2 康乐部作为依附部门模式

这种模式的主要特点是可减少机构设置，避免管理机构臃肿。与业务联系较紧密的部门合在一起，可有效地避免服务过程中的扯皮现象，提高工作效率。由于康乐部服务与餐饮部的联系最为紧密，因此往往将其设置在餐饮部之下。这种模式一般适用于康乐项目较少的中小型饭店。由于这种方式在亚洲，特别是日本、中国台湾的饭店中运用较早，因而被称之为亚洲模式。

### 3. 根据饭店康乐服务项目设计的模式

这种模式是根据饭店的康乐项目的分类来设立相应的组织部门和岗位，这种类型的饭店不仅康乐项目较多，而其各个项目都经过精心的设计和组合，然后将那些性质、活动方式相同或相近的项目组合在一起，形成不同的康乐服务中心，而每个中心都有多种服务项目，各个中心都共同使用一个服务台、卫生间、休息厅等配套服务设施，由此形成规模效应，这种组织形式设计科学，因而其组织管理方式也最为合理，饭店的康乐部一般设计成康体中心、保健中心和娱乐中心。其结构模式如图 1-3 所示。

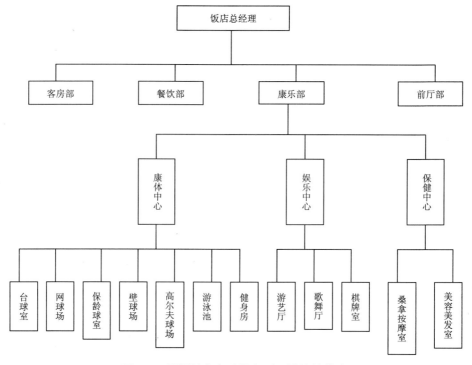

图 1-3　根据饭店康乐服务项目设计的模式

# 第四节　康乐部的项目分类与设置

 学习目标

★熟悉康乐项目的分类及特点。

★理解康乐项目设置的原则。

 相关知识

## 一、康乐项目的分类及特点

康乐活动是人们在余暇时间进行的一种娱乐性极强的消遣活动，它既是一种对心理的娱乐，也是一种对身体的锻炼。随着社会的进步、科技的发展、饭店实力的增强，康乐项目的种类日益增多，为了便于管理，必须对康乐项目进行必要的分类，并掌握其设置的原则。但是对于康乐项目的分类，目前尚无统一的标准，存在着多种分类方法，我们一般按功用特征将其分为康体、娱乐、保健美容三大类。

### 1. 康体项目

康体项目是人们借助一定的康体设施设备和环境，为人们锻炼身体、增强体质而设的健身项目。康体项目有别于专业体育项目，它不需要专业体育项目那么强的专业性、技巧性，人们参与康体项目，只为达到锻炼目的，并从中享受到一定乐趣。

康体项目的特点：

（1）须借助一定的设施和场所。如乒乓球室、游泳场等。

（2）不是以竞技为主，而是为了达到特定的目的。如健美、减肥等。

（3）运动中讲究科学方法。即运动有一定规律性，时间和运动量适中等。

### 2. 娱乐项目

娱乐项目是人们以趣味性的、轻松愉快的方式，在一定的设施环境中进行各种类型的既有利于身体健康，又放松精神、陶冶情操的活动项目。这种项目往往既可以提高人的智力、锻炼毅力、培养兴趣，又可以达到放松身心、恢复体力、振作精神的目的。

娱乐项目的特点：

（1）借助特定的设施和服务。如棋牌室、酒吧等。

（2）运动不激烈，趣味性、技巧性强。如电子游戏厅等。

（3）环境氛围感要求强。如卡拉 OK 客厅、大型多功能厅等。

（4）寓享受于消闲娱乐之中，强调一种精神上的满足。

### 3. 保健美容项目

保健美容是指利用一定的环境设施和服务，使人们能积极主动、全身心投入的、得到身心放松和精神满足的活动项目。

保健美容项目的特点：

（1）特定的设备和服务，有严格的操作程序，如桑拿室。

（2）服务技术含量要求高，如足疗、保健按摩。

（3）文化气息浓，时尚感强。如美容、美发。

## 二、康乐项目设置的原则

### 1. 经济效益的原则

不同类型的酒店为了实现经济效益最大化，在不断推出新颖和具有市场吸引力的娱乐项目的同时，也在探索切实可行的管理体系来规范和管理康乐项目的经营。而康乐项目的经济效益体现在两方面：直接经济效益和间接经济效益。

饭店康乐项目不仅为度假旅游的客人提供了休闲、游玩、社交的场所，而且也为商务客人提供了健身、运动的基本条件。目前，大部分康乐设施是单独收费的，例如游泳池、美容美发、保龄球、台球、桑拿等项目。这些项目的经济效益是直接产生的，比较容易统计。还有一些康乐项目则延长了旅客停留时间，提高了酒店接待能力。酒店具有特色的休闲、康乐项目，丰富了酒店内容，形成了特有的市场吸引力，如商务酒店的客房新增交互式多媒体游戏、卡拉 OK 点播、网上博弈、视频点播、收费电视、音乐与剧场转播、频道租用等康乐项目，提高了客房出租率，延长了旅客的停留时间，增加了酒店收益，对康乐项目来说，这是一种间接经济效益。

### 2. 社会效益的原则

俗话说：要想奔小康，先要身体健康。在当今"请人吃饭不如请人流汗"的社会发展趋势中，饭店康乐设施不但要注重经济效益，而且还应该注重社会效益：积极响应政府有关部门提出的加强全民健身运动、提高健康娱乐的号召，坚持走阳光经营之路。娱乐项目如夜总会、桑拿中心、足疗等项目必须正规经营，使人们走出了传统观念中谈"桑"色变的思想误区，将康乐项目真正做成放松身心的场所，不断深化服务内涵，以优质服务赢得客人，做大市场。

### 3. 满足消费者正当需求的原则

随着社会的不断进步，人们对康乐的需要越来越多，特别是那些经常住饭店的顾客，非常重视康乐活动，在很多旅游者的旅游日程中，不论寒冬酷暑，总是把在饭店进行康乐活动列入其日程；在现代商务活动越来越频繁的商务人士中，已有 80%以上的人士身体呈现亚健康状态，因此，在商务活动之余，康体活动就成了这部分人士的首选活动；甚至于一些商务人士是边进行康体活动，边约商务朋友在一起谈生意，这也正成为一种时尚，这些情况都反映出顾客对康乐活动的强烈需求。

那么哪些康乐活动可以算是满足消费者的正当需求呢？概括起来主要包括以下几方面：一要有趣味性；二要有健身性；三要有高雅性；四要有新奇性；五要有刺激性。但是刺激性要注意掌握，娱乐项目应该是有惊无险的，必须保证顾客的人身安全；赌博与色情也能产生刺激，但这不属于健康刺激，也违反我国法律，因此禁止为顾客提供。

### 4. 因地、因店、因时制宜的原则

康乐项目是饭店特色经营的体现。饭店实施差异化经营战略关键在于推出

不同于竞争对手的特色产品，为顾客创造更多的价值，而康乐项目正是饭店彰显个性和突出风格，体现饭店的事业性和独特性的重要内容，有利于形成具有特色的饭店品牌，并最终赢得市场的认可。这样将引导饭店在提供基本康乐服务项目的同时，因地、因店、因时不同而选择特色服务项目，从而形成特色的经营。例如，对于商务型酒店而言，由于客源大多为商务客人，它的地理位置多在市中心，交通比较便捷的地方，这也就决定了这种酒店没有过大的空间。因而，商务型酒店的康乐项目，只能选择占地面积比较小的种类。例如健身房、保龄球馆、游泳池、乒乓球室。为了满足日益增长的高尔夫爱好者的需要，也可以建造室内的模拟高尔夫球场。而对于度假酒店和主题酒店来说，客源多为旅游度假的客人，因此它的地理位置通常选择在市郊比较偏僻、安静的地方，以保障客人更高的休息质量。由于饭店建在地域宽广的僻静地区，通常都会有充裕的空间供其利用。因而其康乐项目的选择与设置通常以高尔夫练习场、射击场或射箭场、溜冰场等为主。寒冷地区的酒店一般不宜建室外游泳池，这是因为受气候和季节的影响，室外泳池一年中只能在 6 月、7 月、8 月三个月开放，利用率较低。市场的运作机制是优胜劣汰，而竞争压力将始终驱使酒店合理选择康乐项目，实现资源的优化配置。

# 第五节　康乐业的发展现状与前景

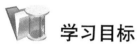

## 学习目标

★熟悉康乐行业的发展现状。
★了解康乐行业的发展前景。

## 相关知识

现代康乐行业的发展，在欧美、日本等经济发达国家，已经成熟了。据著名的未来预测学家格雷厄姆 T. T. 莫利托预测，2015 年前后，世界发达国家将进入"康乐休闲时代"。我国康乐业虽然起步较晚，但由于置身于全球经济一体化进程中，也深受席卷全球的休闲化浪潮的广泛影响，国民的休闲需求不断高涨，发展速度相当快，与世界先进水平的差距也越来越小。可以肯定地说，在我国，康体行业方兴未艾，前程似锦。

## 一、我国康乐行业的发展现状

### 1. 康乐项目的数量在不断增加、产品在不断多元化

在国家旅游局颁布的《旅游涉外饭店星级的评定划分标准》中为不同星级饭店做出的明确规定下，以及社会上出现的大批专项经营或主营的康乐企业的推动下，我国康乐行业在数量上和项目上都有了飞速的发展。1995年，内地保龄球道仅仅1 000条左右。而且都相对集中在北京、上海、珠海、佛山、广州、深圳、中山等经济比较发达的城市，又几乎都集中在各个星级宾馆、饭店。但到1997年1月，短短一年半时间，保龄球道发展到1.2万余条，而现今据不完全统计，全国已有2万多条球道投入营业。1984年，新中国第一家高尔夫球场——中山温泉高尔夫俱乐部诞生，到目前全国已开业近300个高尔夫球场，尚有几十家高尔夫球场正在拟建和建设中；桑拿洗浴场所仅南方的一个省会城市就由1989年的4家发展至2005年的400余家；早在1995年，公安部的一份调查统计，当时全国共有各类桑拿城41.2万家，总数已经是世界之最。

在康乐项目类型上，也已经从相对集中的某些传统项目、时髦项目向多元化项目转变。除传统的中医按摩、游泳、健身、茶艺馆等外，歌舞厅、音乐厅、投影电视、迷你电影厅、卡拉OK厅、夜总会、民俗风情表演项目等娱乐项目，网球场、保龄球室、桌球室、乒乓球室、高尔夫球场、射击场、射箭场、溜冰场、潜水、冲浪、游艇、儿童康乐室等康体项目，以及棋牌室、桑拿、美容、按摩等保健服务项目，乃至国际上新兴的日光浴、火箭蹦极、室内攀岩、滑草、沙狐球、水力按摩、大型主题游乐园、模拟游艺机等康乐设施都在我国不断涌现。同时，同一康乐项目还在不断地自我更新和衍生。例如，卡拉OK从早期的KTV发展到了现今的DTV、PTV，高尔夫也从传统的乡村高尔夫衍生出了城市高尔夫、模拟高尔夫、木杆高尔夫球，桑拿浴从一个单纯的洗浴保健项目又陆续开发了光波浴、瀑布浴、泥浴、沙浴、药水浴、酵素浴、牛奶浴、米酒浴、茶水浴、花水浴、桑叶浴、薄荷浴等，游泳项目也增加了冲浪、漂流、坐水滑梯、嬉戏海浪等。数量的快速发展，新项目的不断涌现，都预示着我国康乐行业的发展速度非常快。

### 2. 参与康乐活动的人数越来越多

我国休假制度的不断完善为人们消费康乐产品提供了时间条件。我国自1995年开始实行5天工作制，大大缩短了劳动时间，1999年又开始实施春节、"五一"、"十一"的黄金周长假制度，全年的法定节假日达到114天，2007年起，在我国法定节假日新方案中又把清明、端午和中秋等民族传统节日定为国

家法定节假日，虽然取消了"五一"黄金周假期，但一年中节假日的总天数依旧有所增加，因此人们的闲暇时间和机会在增加，同时，进入 21 世纪以来，我国经济持续健康发展，居民收入水平显著提高，2008 年我国人均 GDP 已经越过 3 000 美元的发展水平，发达城市更是高于这个数字。时间和经济能力的允许，再加上人们为了调节因高强度的工作、激烈的竞争而受影响的健康需求，使我国居民的康乐休闲欲望呈现高涨态势，越来越多的人参与到康乐活动中来。

而且，康乐休闲专业陆续进入高校，如许多高校都开设了高尔夫球选修课，如今选修高尔夫球运动的学生越来越多，高尔夫球成为高校体育课中最受欢迎的科目。北京、上海、广州等城市在前些年就已经开办了专业高尔夫球学校和台球学校。这都显示参与康乐的人数在不断扩大。

3. 康乐消费的意识和形式有待提高

近年来，由于经济的发展，国民的生活水平有了很大提高，恩格尔系数持续下降，城乡居民的消费正从温饱型向小康型和富裕型转变，经济上的改善促使人们更加追求生活品质，对康乐消费的需求也在不断增加。特别是中青年人，他们的收入较高，消费观念新，把康乐作为自己基本生活的一部分。但总体来说，目前整个中国社会对休闲时间的价值缺乏正确认识，尽管在休闲时间的量上已经与国际接轨，但在休闲的意识和形式上却远远落后，大多数康乐活动还是停留在质量不高的项目上。这主要是由于我国康乐业经营还处于起步阶段，对康乐场所的消费者缺乏引导，同时，从整体上看人们收入水平还不高，尤其是可用于康乐方面的支出有限，使得高档次、高规格的康乐项目经营受到限制。而且还有一部分消费者个人文化素质不高，缺乏一定的文化知识底蕴，对高层次、具有文化内涵的康乐项目难以理解，使人们对一些高雅的康乐项目兴趣不高。

另外，一些康乐经营者违规操作，存在着低俗化的经营现象，加剧了一些人对康乐的偏见和误解。也使人们对某些康乐项目望而却步，因此要提高民众的消费意识和扩大消费形式，还需要多方培育，除了逐步完善康乐经营管理的相关法律、法规来引导康乐行业的健康发展外，作为康乐企业，也要倡导选择健康、积极的康乐消费和生活方式，而对于国民来说，则需要提高全民教育水平来提高民众的消费意识和形式。

4. 康乐项目的收费水平逐渐合理化

康乐休闲最早流行于有闲、有钱阶层，因此消费大多是比较昂贵，但是，随着市场经济的发展和人们消费观念的转变，康乐业的收费水平越来越合理，虽然某些康乐项目收费仍偏离社会普遍消费水平，是一种"贵族性活动"，但绝大部分的康乐项目对于广大工薪阶层及农民来说，已经可以成为他们的大众化休闲项目了，这主要得益于：①我国社会经济的发展，人民生活水平的提高；②大多数康乐企业都能从我国消费者的实际收入情况出发，制定出符合实际的收费标准，采取降低收费的经营策略，为广大中、低收入者提供了享受现代生活、感受现代康乐项目所带来的乐趣的机会和条件；③随着康乐行业的发展，竞争也越来越激烈，也使康乐项目的收费越来越低。

### 5. 康乐经营管理和服务水平还较低下

我国康乐业经营起步较晚，饭店中的康乐部在早期一直属于附属地位，并没有引起经营管理者的足够重视，这造成了康乐经营管理服务水平还较低。在一份康乐从业人员的调查中发现，康乐企业的人员素质普遍偏低，康乐服务人员缺乏基本的技能和服务技巧的培训，难以保证服务质量。高级管理人员多数只具备专科学历，经营管理人员对康乐项目的专业知识、康乐活动的特性和康乐行业的发展状况还缺乏了解，既懂康乐知识又懂得管理的高素质复合型人才寥寥无几。

另外，我国康乐经营者普遍存在着投资前期市场调查不充分，对所选择的经营项目缺乏必要的市场调查，不了解顾客消费需求的问题，导致了康乐经营决策的盲目性，在项目选择上却赶潮流，市场上流行什么就经营什么，内容雷同，造成了康乐设施、服务方式千篇一律，服务项目不配套，服务质量不高的现状。

## 二、我国康乐行业的发展前景

现代康乐事业，必将随着我国经济的发展，人民物质文化生活水平的提高，科学技术的进步和休息时间的增加而逐渐成长、成熟。其管理和服务也会更加科学，可以预见，在不久的将来，我国现行康乐事业将会健康、规范、蓬勃发展，成为我国第三产业中的支柱行业。

### 1. 康乐项目将向文化性、高品位发展

物质生活水平的不断提高，人们对科学文化知识的需求也日益增长。随着文化教育的发展，全民素质的提高，人们的消费习惯、消费层次、消费心理将会产生很大的变化，使人们追求更高层次的健身、休闲、娱乐的精神生活成为可能。对康乐活动的内容不仅要求有趣味性、刺激性，还要有品位性，对经营环境、服务水平都有较高的要求。同时，人们文化观念、审美情趣发生了变化，消费者希望通过康乐活动达到求知的目的，提升自己的文化修养和素质。

### 2. 康乐设备的科技含量将越来越高

科学技术的进步为新的康乐项目、设施设备的开发提供了技术保障，康乐

设备的科技含量会越来越高，其性能也越来越先进。微型高尔夫球、电子模拟高尔夫球练习场、人工滑雪场、机械按摩等都是利用现代化技术开发出的康乐项目，高尔夫球球杆、球网、人造草皮、保龄球球道、网球拍也在高科技的支持下更新换代，性能越来越优良。可以预测，未来的康乐设备将会融入越来越多的高科技成分。

3. 康乐服务和管理水平将会明显提高

我国康乐行业起步晚，但发展速度迅速，这导致了康乐需求与康乐服务管理质量的不平衡发展，许多康乐企业和饭店已经意识到了这一点，越来越重视康乐经营管理者和服务人员的培养，通过制定相应的培训计划，来提高他们的管理和服务水平，同时，康乐市场的旺盛需求也导致许多大中专院校开设康乐服务与管理专业，向社会输送了大量的专业人才。康乐服务与管理的专业论著与教材不断出版，也使康乐管理趋于规范化和系统化。而政府也正在不断完善康乐经营的有关政策、法规。可以说，康乐的服务和管理水平已经由不规范向规范、经验管理型向科学管理型的方向发展。今后，我国的康乐服务和管理水平将不断提高，并最终达到发达国家的水平。

4. 康乐消费比例将增加，经济地位将提高

根据研究表明，我国社会消费水平已经有了很大变化，收入水平的不断增加，导致康乐消费需求水平的增长，根据《国家统计年鉴（2007）》所统计的数字表明，我国居民消费支出水平增加很快，2004 年的居民消费支出总额为 63 833.5 亿元，到 2006 年已经达到了 80 120.5 亿元，其中，文教娱乐用品及服务类支出年年都在增加，这一现象表明，我国居民生活水平在不断增加，对康乐消费需求的水平也越来越高，因此，随着中国社会生产和生活水平的发展，康乐休闲产业的开发将会满足人们日益增长的消费需求，并真正成为推动社会经济发展的重要因素之一。

# 第六节　康乐部人员素质要求及各岗位职责

 学习目标

★熟悉康乐部人员的素质要求及各岗位职责。

 **相关知识**

## 一、康乐服务员岗位基本素质要求

1. 知识要求

（1）具有本项运动的基础知识和相关常识。

（2）了解本岗位的职责、工作程序及工作标准。

（3）熟悉本部门内的主要设施，如健身房、游泳池、保龄球或网球场等设备的功能和使用。

（4）了解现金、信用卡、优惠卡、转账卡等支付手段与结账方式。

（5）了解康乐接待服务知识，掌握必要的电话预订和留言服务知识。

（6）具备康乐服务过程中基本设施的安全防护和消防设施的基础知识。

（7）具有一般的社交礼仪、礼节知识。

（8）具备本岗位的基本外语知识，并会讲普通话。

2. 技能要求

（1）能按照宾客的需求，合理安排健身房、游泳池、保龄球、网球等设施的预订工作。

（2）能按照服务规程对宾客提供娱乐性和技术性服务。

（3）能识别信用卡、优惠卡和转账卡等支付凭证，并能熟练地进行开单、收款和结账。

（4）能正确操作本岗位主要运动设施和本部门主要设施。

（5）具备康乐服务过程中基本的安全防护和消防能力。

（6）能用外语与宾客进行简单的业务会话。

## 二、康乐部岗位职责

1. 康乐部经理

（1）接受总经理的督导，直接向总经理负责，贯彻酒店各项规章制度和总经理的工作指令，全面负责康乐部的经营和管理。

（2）根据酒店规章制度和各项目设施具体情况，提出部门管理制度和主管、领班的具体工作任务、管理职责工作标准，并监督实施，保证部门各项娱乐设施及各项管理工作的协调发展运转。

（3）分析各项目设施的客人需求、营业结构、消费状况及发展趋势，研究并提出部门收入成本与费用等预算指标，报总经理审批。纳入酒店预算后，分解落实到各项目设施，并组织各级主管和领班完成预算指标。

（4）研究审核各项目设施的服务程序、质量标准、操作规程，并检查各项目设施各级人员的贯彻实施状况，随时分析存在的问题，及时提出改进措施，不断提高服务质量。

（5）根据市场和客人需求变化，研究并提出调整各项目设施的经营方式、营业时间、产品和收费标准等管理方案。配合酒店销售活动，配合有关部门组织泳池边食品销售、网球、壁球、保龄球比赛等销售活动，适应客人消费需求变化，提高设施利用率和销售水平。

（6）审核签发各项目设施主管的物品采购、领用、费用开支单据，按部门预算控制成本开支，提高经济效益。

（7）做好各项目设施主管、领班工作考核，适时指导工作，调动各级人员积极性。随时搞好巡视检查，保证康乐中心各项目设施管理和服务工作的协调发展。

（8）制定部门各项目设施人员编制，安排员工培训。根据业务需要，合理组织和调配人员提高工作效率。

（9）随时收集、征求客人意见，处理客人投诉，并分析康乐中心服务质量管理中带倾向性的问题，适时提出改进措施。

（10）搞好康乐中心和酒店各部门的协调配合，完成总经理交办的其他工作任务。

（11）掌握员工思想动态、积极开展多方面沟通、解决员工日常工作生活中各方面问题，抓好员工队伍思想工作。

（12）贯彻执行饭店行业饮食卫生制度，督导部门卫生工作落实。

（13）抓好部门日常防火、防盗及事故预防工作，发现问题须及时解决，对部门安全负责。

（14）制定并主持部门各级例会，跟进并检查部门日常营业最后的一切结束工作。

2. 康乐部楼面主任

（1）直接对经理负责，认真执行经理下达的各项工作指令任务，并负责协助落实工作计划。

（2）严格执行规章制度与岗位职责，当班时不断督促员工按工作程序执行，根据部门不同时期的工作任务，完善部门工作程序及工作标准。

（3）监督领班布置员工日常工作，抓好班前班后的培训，在当班前检查部门人员的出勤情况，抽查员工仪容、仪表是否合格。

（4）加强本部门的设备设施的保养制度，不定时地检查抽风、花洒、蒸汽等设备是否正常，不定时地检查房间及休息厅客用物品是否按规定标准进行摆放，改正不足之处。

（5）不定期地抽查服务员是否做到 45°，鞠躬热情地迎送和招呼客人，并及时给予纠正，对员工工作表现进行评估，分别送人事部和经理审批，对试用期满、业务水平合格、工作表现好的员工推荐加薪或推荐评选优秀员工。

（6）负责员工的业务培训，在平时工作中要加强员工对酒水及各项消费知识的培训，加强员工推销的意识。

（7）负责大堂客人接待，直接与客人沟通，虚心听取客人意见，每日询问客人意见，协助经理及时解决客人的各方面投诉。

（8）加强与工程部和采购部的沟通联系，确保各项设施及时维修和各项申购物品的及时到位。

（9）定期安排好部门的大清洁计划及定期烘干枕芯的工作，落实部门各项卫生大清洁计划及其他各项工作。

（10）组织部门卫生检查小组每周定期对部门营业范围进行卫生检查，对不足之处进行改正，保证部门卫生。

（11）每月底与仓管部、财务部配合，做好部门物品的盘点工作，节约桑拿物品。定期检查各楼层的消防设施，对不足的灭火器进行补充，预防火灾、盗窃等意外事故发生。

（12）加强员工的行政管理，关心员工，经常和员工进行交流及思想沟通，负责组织服务竞赛，增强员工集体荣誉感及提高员工素质。

（13）积极协助经理召开部门每周例会，定期对本部门工作进行检查与总结，提出下周计划，在月底做出每个部门工作总结呈交经理处。

（14）加强各楼层和各区域的工作，做好每班房态记录及备房表，及时处理存在的问题。

（15）加强与收银、钟房、咨客部门的沟通协调，确保正常运作。

3．康乐部楼面领班

（1）直接对主任负责，保证本部门日常工作程序正常运行。

（2）合理安排员工的工作任务，对其工作进行督促和指导，负责督促服务员完成各项接待与备房工作。

（3）跟进各设施的检查报修和一般的保养，在上班后半小时内做好房间各设施的检查，保证正常运作。

（4）在营业时间带领服务员做备房工作，力求按标准要求做好房间出售前备房达标，严禁将未经领班检查的房间出售给客人，对于员工工作中存在的问题，班前班后及时给予纠正。

（5）各楼层领班要做好与钟房、收银及咨客部门的协调工作，保证每送走一位客人将房间备房工作及时到位。及时安排等房的客人，提高房间的周转率，并做好房态记录工作。

（6）留意客人动态，特别注意陌生面孔，处理客人一般投诉，如不能解决要及时向上司报告。

（7）不定期地抽查服务员是否做到 45°鞠躬，热情地迎送和招呼客人，并及时给予纠正。负责对服务员工作进行最初考核。

（8）负责新入职员工业务培训。新入职员工经过主管以上人员考核合格后方可正式上岗。在平时工作中不断加强员工对酒水及各项消费知识的培训。

（9）客人走后，如果在房间卫生检查中发现有客人遗留的物品，要做好登记，及时将遗留物品交还给客人或者上交经理处理。

（10）定期安排好部门的大清洁计划及定期烘干枕芯的工作，落实各项卫生大清洁计划及各项工作。

（11）定期检查各楼层的消防设施。对不足的灭火器进行补充，预防火灾、盗窃等意外事故发生。

（12）经常和员工进行交流与思想沟通，负责组织员工参加各种集体活动，增强员工集体荣誉感。

（13）积极参加部门例会，对本部门工作进行检查、总结并提出下周计划。

（14）负责楼层客人的接待工作，虚心听取客人意见，并坚持每日询问 3 位以上客人意见，写在记事本上。

（15）加强跟进客人出入单工作，防止走单和错单现象。

# 本 章 小 结

本章介绍了康乐的概念，引入了对饭店康乐部地位和任务的阐述，分析了康乐部的重要性和作用。通过对康乐机构、项目设置原则的学习，有助于我们认识康乐部门的机构设置、分类、项目设置的重要性，而对康乐业的现状及发展前景分析，有助于我们把握康乐经营市场的需求变化。并根据康乐行业的特殊性，提出了康乐行业对从业人员的素质要求以及各个岗位的职责任务。

# 本 章 习 题

1. "康乐"的基本含义是什么？
2. 康乐部在饭店中具有怎样的地位？

3．康乐部在饭店中的任务是什么？

4．我国康乐业的现状及发展前景如何？

5．康乐部组织机构设置的原则有哪些？

6．康乐部有哪几种组织机构模式？它们有何不同？

7．康乐部各岗位服务人员的基本职责是什么？

8．康乐项目的分类及其特点是什么？

# 第二章　康体项目的经营与管理

 课程导入

　　某天晚上，某饭店的保龄球馆内灯火通明。一组来自国外的保龄球高手正在切磋技艺。突然，18号道的防护板降下来收不回去了，服务员小谭想了很多办法都没能把防护板升回去，最后不得已只好亲自走到球道的另一头手动排除障碍。

　　只见小谭冷静地拿出一双橡皮底鞋换上，用毛巾把鞋底擦干净，确保鞋底没有油后，慢慢地绕过助走道，来到球道的左侧靠近7号瓶的一边，顺着球沟，缓慢但稳健地走到球道的另一端，很快便手动排除了故障。然后又从球沟上慢慢走回来，绕过助走道回到服务区。

　　那群国外的高手看到了小谭的工作过程，来到服务区找到小谭，问他："为什么你要换鞋，还要绕过助走道呢？"

　　小谭笑着回答说："是这样，第一，穿着软底的橡皮底鞋不会损伤球道；第二，球道上是需要有油的，但助走道上的正常的油量应该为零，为了不在助走道上留下油渍，只能绕过助走道，然后再走到球道上。"

　　"那你为什么选择走在左边，而不是右边呢？"客人紧接着又问了一句。"那是因为在球道上行走时，鞋不可避免地会带走球道上的一部分下油。因为大部分保龄球员用右手投球，球总在球道右边通过。为了尽可能少地碰到球道上的下油，所以选择走在左边、球很少到的地方。"小谭不假思索地回答道。

　　流利的英语、专业的知识让这群国外的保龄球高手对小谭竖起了大拇指。

　　**请你思考：**

　　你觉得康体项目服务员应掌握哪些专业知识？有哪些获取专业运动知识的途径？

# 第一节　保龄球服务

 学习目标

★ 了解保龄球运动的基本常识和保龄球馆的主要设施、设备概况。
★ 掌握保龄球的比赛规则和记分方法。
★ 掌握保龄球的选用方法，根据需要为客人提供选球服务。
★ 熟练掌握保龄球运动主要设备设施、场馆附属设施卫生清洁工作内容与标准。
★ 熟练掌握保龄球服务工作内容和程序。
★ 具备熟练接待客人并提供规范服务的能力。
★ 具备一定的保龄球运动水平，出球动作标准、规范，能够清楚、明确地向客人讲解保龄球运动基本知识和技法，并能根据客人需要提供陪练服务。

 技能目标

★ 能演示保龄球馆服务程序与要求。
★ 能演示保龄球选球、记分等服务。

 相关知识

　　保龄是英文"bowling"的音译，保龄球又称地滚球，是在木板球道上滚球击木瓶的一种室内体育运动。保龄球运动是人类历史上最古老的运动之一。古时候某些部落中，常把被征服者的头盖骨作球，腿骨作目标，进行投掷，以此取乐。1920年，英国考古学家在埃及的一座墓道里发现了9个石瓶及一个石球，经考证这是一个古老游戏的用具，其玩法是用石球投向石瓶，将石瓶击倒；此外，位于太平洋的古波里尼亚人的投掷游戏也用石头作球和目标；中国早时江南也流行着一种游戏，牧童们把割来的青草扎成小捆，竖立在草坪上，画地为域以猜拳论先，用卵石击之，赢者得青草以饲牛。这些游戏活动可以说是最早的保龄球运动的雏形。

　　公元3世纪，德国的"九柱戏"被认为是现代保龄球运动的前身。它最先

作为一种宗教仪式活动出现于德国和荷兰，通常在教堂的门厅或走廊里，竖着的柱子表示邪恶，球代表正义，教徒们以球击柱，希望求得幸运，为自己消灾、赎罪。到了 13 世纪，"九柱戏"已成为当时欧洲贵族间颇为流行的高雅游戏，如图 2-1 所示。宗教改革时期，宗教改革之父马丁·路德对这种游戏的球和球瓶的大小做了统一规定，将 9 个瓶子排列成菱形，并制定了游戏规则。从此，9 瓶式保龄球开始风行欧洲，并在 17 世纪由荷兰移民带入美国。

图 2-1　古代保龄球

由于它的娱乐性、抗争性、趣味性极强，很快被美国人所接受，并逐渐由户外转到室内。18 世纪美国人对保龄球进行了改良，增加了一只瓶，形成了延续至今的 10 瓶保龄球。

1875 年，美国纽约地区 9 个保龄球俱乐部的 27 名代表组成世界上第一个保龄球协会。1895 年 9 月，美国保龄球协会成立。为便于球瓶被连续击倒，这个协会决定将保龄球的钻石形状排列改为倒三角形的排列，并规定了标准的保龄球球道的长度，决定了木瓶的大小，制定了相关规则，为保龄球的发展奠定了良好的基础，并使保龄球运动从此成为一项正式的体育项目。

1946 年，AMF 公司研制出全自动置瓶机，开创了保龄球运动的新纪元。1952 年，国际保龄球联合会宣告成立，总部设在芬兰。1974 年，保龄球被列为亚运会正式比赛项目。1988 年，在第二十四届汉城奥运会上，保龄球被列为表演项目。1992 年，在第二十五届巴塞罗那奥运会上，保龄球首次被列为正式比赛项目。

保龄球运动于 20 世纪传入我国。1925 年，上海、天津、北京等大城市均建立了人工球场，但只专供少数洋人和"上等华人"享用，广大平民百姓无缘参与，当时依靠人工捡球和摆瓶，没任何机械设备。1981 年，上海锦江俱乐部建成了 6 条自动化球道。此后，全国各地相继建成了 30 多个球馆、200 多条球道。1985 年 5 月，中国保龄球协会成立。1987 年，中国加入世界保龄球联盟。截至 2000 年，我国的保龄球球道已突破 22 000 条，并成为德、美、日之后世界第四大保龄球国，是世界上最大的保龄球市场之一。

保龄球是一项集竞技、休闲、娱乐、健身为一体的趣味性很强的运动项目，不受时间、气候的影响，适合在任何地方开展。而且，保龄球运动的规则简单，入门容易，运动强度低，不受年龄、性别以及身体强弱的限制，在现代康乐活动项目中受到越来越多的人青睐。图2-2为现代保龄球馆及其相关设备。

图2-2　现代保龄球馆

## 一、保龄球的运动场地、器材与用具

投球台、球瓶、球为保龄球球馆的三大必要设备。

### 1. 投球台

保龄球球馆里从取球区、助跑道（投球区）、球道到球瓶区的一切设备，统称为投球台设备。由助跑道、犯规线、球道、边沟、边墙和置瓶区等几个部分组成，如图2-3所示。现代保龄球运动使用的标准球道总长1 915.63厘米、宽104.2～106.6厘米。

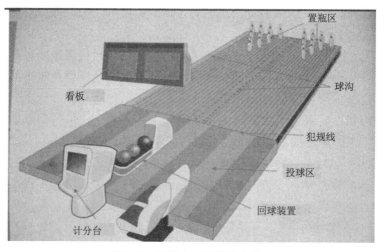

图2-3　投球台主要设备名称

球道与置瓶区用加拿大桃木木板条拼接而成，助跑道与其余部分用松木板条拼接而成。木板条的数目是特定的，常见的球道都是由39块木板拼接而成。

球道是保龄球投出后向前滚动的路径，是指从犯规线到1号球瓶的中心点之间的距离，长为1 828.8厘米，宽为104.2～106.6厘米，是投球台的主体部分。球道上在离犯规线457.2厘米的范围内，有7个目标箭头和10个引导标点（图2-4E、D）。

（1）助跑道就是球员走步、滑行及掷球的区域，长度一般为427.3厘米，宽度与球道的宽度相同，为104.2～106.6厘米。在助跑道内离犯规线5.08～15.23厘米的范围内，嵌有7个滑步标点（图2-4C）。离犯规线335.5～365.76厘米和

426.9～457.2 厘米的范围内，嵌有两排共 14 个站位标点（图 2-4A、B），这些标点和目标箭头在同一条木板条上。

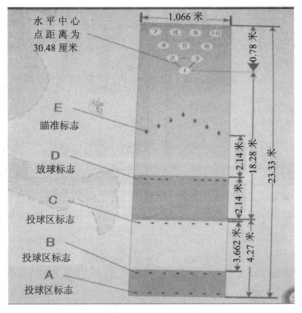

水平中心
点距离为
30.48 厘米

1.066 米

0.78 米

E
瞄准标志

D
放球标志

C
投球区标志

B
投球区标志

A
投球区标志

2.14 米

2.14 米

18.28 米

23.33 米

3.662 米

4.27 米

图 2-4　投球台标志

（2）犯规线是指助跑道和球道的连接线，宽为 0.95 厘米，线上设有光控犯规监测装置。

（3）置瓶区是指球道终端排列球瓶的区域，打瓶架、升瓶机和置瓶机都在这个区域内运作。

相邻两条球道之间就是球沟和分隔板，球沟的宽度约为 24.1 厘米，球沟的下面是公用的回球道。

自动化控制系统是保龄球设备的重要组成部分，系统设有置瓶机的置瓶装置、回球装置、回球托盘和记分台等设施，由程序控制箱控制，通过机械装置来完成扫瓶、送瓶、夹瓶、竖瓶和回球、升球等工作，并将瓶位信号、补中信号、犯规信号通过电脑记分系统显示在记分台和悬挂式彩色记分器上。

### 2．球瓶

保龄球球瓶（图 2-5）是以坚韧耐撞的上等桃木为原料，以特殊组合方式制成的，并在球瓶的表面涂上抗强撞击的塑制化合物涂料。按照国际统一标准，保龄球球瓶的形状为梭形，高度为 38.85 厘米，底部直径为 5.02 厘米，腹部最大直径为 12.10 厘米，颈部最大直径为 4.60 厘米，表面形成光滑的曲线。每一只球瓶的重量在 1.261～1.641 千克。每条球道备有 2 组球瓶，每组 10 个。此外，将 10 个瓶凑成一套时，其中最重与最轻的相差不可超过 112 克。球瓶排列成倒正三角形，如图 2-6 所示。10 个瓶以 30.48 厘米的间距依次排列成四行。

图 2-5　球瓶

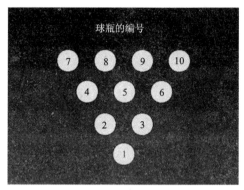

图 2-6　球瓶的排列

### 3.球

目前常见的保龄球（图 2-7）是用硬质塑胶或合成树脂塑胶制成的实心球，由球核、重量堡垒、外壳三部分组成。

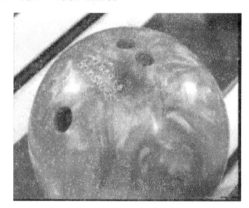

图 2-7　保龄球

保龄球的重量按国际规定有 11 种规格：6 磅、7 磅、8 磅、9 磅、10 磅、11 磅、12 磅、13 磅、14 磅、15 磅、16 磅（1 磅=16 盎司=0.454 千克，全书同）。保龄球的重量可以不同，但大小必须相同，直径均为 21.8 厘米。球上有 3 个小孔，便于手指插入推球，分别用于放入拇指、中指和无名指。球表面有商标、编号及重量堡垒等识别标记。

### 4.保龄球运动的服饰及用品

（1）球鞋。保龄球球鞋是运动员的重要装备，运动员必须穿专业保龄球球鞋

（图 2-8）才能进行保龄球运动。球鞋一般有通用鞋和阴阳鞋两种。通用鞋左右脚的鞋底都用皮革制成，右手球员和左手球员均可使用。阴阳鞋为右手球员的左鞋底用皮革，右鞋底用橡胶，右鞋底尖部有一块皮革，以确保助跑和滑步的稳定性。左手球员则相反。

（2）衣服。保龄球运动员的服装式样很多，基本要求是宽松舒适，能运动自如，男运动员一般穿运动长裤和质地柔软的 T 恤衫，女运动员适宜穿短袖 T 恤衫和短裙。

（3）其他用品。

① 护腕（图 2-9）主要是用于保护和固定手腕。

② 胶贴是运动员用于对球的指孔做必要的修理和调整。

③ 吸湿粉、滑石粉（图 2-10）和毛巾也是每位运动员的必备用品。在投掷过程中，运动员的手部较容易出汗，为了保持手部干燥，避免因汗水导致握球、投球、出球打滑，可用毛巾擦手或在风口吹干，也可根据具体情况在手指上使用吸湿粉或滑石粉。

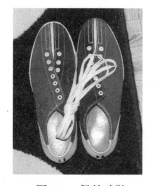
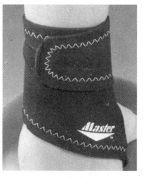

图 2-8　保龄球鞋　　　　图 2-9　护腕　　　　图 2-10　滑石粉

## 二、保龄球的基本技术

1. 选球

保龄球有通用球和专用球之分。适合一般人使用的以及一般保龄球馆使用的都是通用球。为了使自己随时都能在同样条件下投球，或为了提高练习效果，个人根据自己情况特别制作的私人用球称为专用球。

选择保龄球时，主要考虑球的重量和指孔的大小、深度、距离。比较简便的选择方法是以自身身体重量的 1/10 为标准，如表 2-1 所示。一般来说女士可以选择 8～12 磅的球，男士可以选择 10～14 磅的球，只有高级球员才选择 14 磅以上的球。但对初学者来说，还须根据自己的体力、臂腕力和指力选择适当重量的球。在确定好重量以后就要考虑指孔问题。当拇指、中指、无名指放入相应的保龄球的指孔后，以中指、无名指正好吻合而在抽出时不感到不顺当、拇指能够轻碰孔壁又能任意旋转的程度为佳。且球面与手掌之间以间隔一支铅笔的空隙最为理想。球的重量就加在 3 个手指上。

表 2-1　以体重 1/10 为依据的选球标准

| 体　重 | 选球的重量 | 体　重 | 选球的重量 |
| --- | --- | --- | --- |
| 40～49 千克 | 10 磅 | 65～69 千克 | 14 磅 |
| 50～54 千克 | 11 磅 | 70～74 千克 | 15 磅 |
| 55～59 千克 | 12 磅 | 75 千克以上 | 16 磅 |
| 60～64 千克 | 13 磅 | — | — |

2．握球技术

握球是投球的开始，握球的好坏直接影响投球的效果。握球的动作要领是（以右手握球为例）：将球从回球机上捧起（不能直接把手指插进球孔"提球"或把球举起），拿球时双臂弯曲，左手托住球的底部，球的重量全部落在托球的手上，将右手的无名指和中指插入指孔，再把拇指深插进指孔，手心贴球面，把球握住，剩下的食指和小指有 4 种放法：①自然并拢（图 2-11A）；②自然分开（图 2-11B）；③食指分开，小指并拢（图 2-11C）；④食指分开，小指弯曲作垫（图 2-11D）。手腕保持平直，手臂保持 90°。

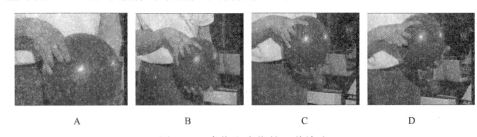

A　　　　　　　B　　　　　　　C　　　　　　　D

图 2-11　食指和小指的 4 种放法

握球法有 3 种形式，即传统握球法、半指节握球法、满指节握球法。

（1）传统握球法（图 2-12）：中指及无名指插入指孔后，第一指节至第二指节皆没于指孔内的握球法，是最常用的握球方式。由于控球容易，因此是初学者及力量较弱的女性的最佳持球法。

（2）半指节握球法（图 2-13）：中指及无名指插入指孔后，利用第二指节的指腹扣住指孔上方的方式。采用此方式者大多为职业保龄球选手。这种握球法可使摆荡动作更加轻便，使投球的旋转力增强，但球路却难以控制，不适合初学者。

（3）满指节握球法（图 2-14）：中指及无名指插入孔后，只稍微没入第一指节。这种特殊的持球法虽然灵活性很高，但若非相当熟练的球手，最好还是不要尝试。这种持球法虽然可提供更强劲的旋转力，但不好控制，容易增加中指与无名指指尖的负担，若是勉强采用，容易使投球者指关节受到损伤。

图 2-12　传统握球法　　　　图 2-13　半指节握球法　　　　图 2-14　满指节握球法

### 3. 直线投球技术

球员手持保龄球，站在投球区，投球动作就可以开始了。投球时手部摆荡动作由 7 个连续动作构成。

（1）预备姿势：站在投球台上，选择好站立位置，两手捧球，中指和无名指插入球孔。眼睛瞄准目标，准备前行。

（2）推出动作：动作开始的同时将球向前推出。

（3）向下摆荡：推出后的球随重力自然向下摆动。

（4）向后摆荡：向下摆动的球不要停止，顺势向后摆动。

（5）向前摆荡：向后摆动到最大极限后向前摆动。

（6）离手动作：将球由手中脱出。

（7）持续动作：球脱手以后，手臂继续向上摆动。

上述这一连贯的手部动作，称为保龄球投球的摆荡技术。

### 4. 助走技术

要想打好保龄球，最重要的就是要学好如何助走以及正确的出球方式，助走实际上就是从站在球道上到出球的时候所需要走的路线。

保龄球运动的助走主要是为了获得向前的速度，但是由于保龄球运动需要从稳定的身体姿势中产生精确的控球能力，身体不能有较大的晃动和起伏，因此用助走滑行而不用助跑。保龄球助走步法依个人习惯不同有三步法、四步法和五步法，最常用的助走方法是四步助走法，如图 2-15 所示。四步助走的动作技术要领如下：

第一步——推球。站好位，摆好姿势，先出右脚，步幅要小，双手把球顺势向前轻移。

第二步——下摆。被向前推出的球，借助本身的重量自然向下坠落，这时出左脚，步幅稍大，同时右手持球自然下落，向后摆动。

第三步——后摆。在球向下后摆的同时，右脚做稍大幅度的跨出，到最高点，身体前倾，将球摆到最高点。

第四步——前摆和滑步投球。当球从后摆顶点向前摆动的瞬间，顺势迈出左脚。左脚采用滑步，左膝弯曲，右脚向左后方摆动以保持平衡。此时，因摆动与助步的惯性会使左脚自然向前滑动 20～40 厘米。左脚滑动即将结束时，球运到最低点，顺势投出。在球出手后，手臂随着球的脱手向前垂直上方摆动，上身也充分伸展向前倾，直到投出的球滚过球道上的瞄准点为止。

图 2-15　四步助走法

## 三、保龄球的比赛规则和记分方法

### 1. 保龄球的比赛规则

保龄球的比赛规则由国际保龄球联合会制定。无论是指导员还是运动员都应该认真学习。学习保龄球的比赛规则有助于提高保龄球运动水平，同时也能提高欣赏高水平保龄球比赛的能力。

（1）保龄球比赛以局为单位，一局为 10 轮，每轮有两次投球机会。前 9 轮中，如果第一次投球就将球全部击倒，就不能再进行第二次投球；如果第一次没有全部击倒，则可进行第二次补投。第 10 轮中，如果第一次投出全中球，可再投两个球；如果第一次投球未全中而第二次投球补中，则可继续投完第三球。如果补投后未能补中则不能再投第三次球。

（2）保龄球比赛以抽签方式决定道次。每局在相邻的两条球道上比赛，每轮互换球道，直至全局比赛结束。每局也需互换球道。

（3）保龄球比赛分单人赛、双人赛、三人赛、五人赛和精英赛等。比赛以

6 局总分决定胜负。单人赛：每人打 6 局，将 6 局的成绩相加，总分多者名次列前。双人赛：2 人一队，每人打 6 局，将 12 局的成绩相加，总分多的队名次列前。三人赛：3 人一队，每人打 6 局，将 3 人 18 局的成绩相加，总分多的队名次列前。五人赛：5 人一队，每人打 6 局，以 5 人所打 30 局的成绩相加，总分多的队名次列前。精英赛：通过上述四项比赛，取 24 局总分的前 16 名参加准决赛，准决赛采用单循环，共打 15 局计算总分，取前 4 名参加挑战赛。第四名对第三名，是第一次挑战；胜者对第二名是第二次挑战；胜者对第一名的比赛称为决赛。决赛连胜两局为冠军，连负两局为亚军。一胜一负两局总分高者为冠军，总分低者为亚军。如果两局总分相同，就看第九轮和第十轮的成绩，分数高的夺得冠军。

### 2. 保龄球的记分规则与符号

保龄球比赛根据撞倒球瓶的情况来决定得分。现代保龄球采用电脑记分。在助走道的前上方有一个电脑记分屏，球员每次击球，电脑会显示出球员击球情况和成绩。每一回合结束，电脑会自动累计得分，每一局结束电脑会显示该局的总分。要看懂电脑记分，必须明白保龄球的记分规则和记分符号（图 2-16）。

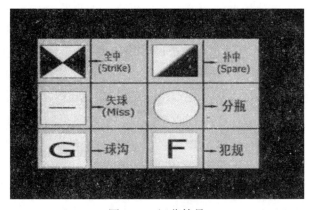

图 2-16 记分符号

（1）每次击球按击倒球瓶的数量记分，击倒 1 个球瓶记 1 分。

（2）每轮第一次投球将 10 个球瓶全部击倒，称"全中"。应在此轮记分表上部的左边小格内用符号"×"表示，不能再进行第二次投球，得分为 10 分，并且按规定可以加上下轮两个球的得分，其总和为该轮总得分。

（3）第一次投球未全中，应在此轮左边小格内记上被击倒的瓶数，作为第一球的所得分，同时可进行第二次补投。如果补投将剩余球瓶全部击倒，则称为"补中"，应在记分表上部的右边小格内用符号"／"表示。该轮得 10 分，并且按规定可以加上下一轮的第一球的得分，总和为该轮的总得分。如果补投未能将球瓶全部击倒，两个球所得分相加之和为该轮得分。

（4）第一次球投出后，仍有两个以上的球未倒，而且是构成彼此不相邻的分瓶，则称为"技术分瓶"，这时除了在左边的小格内记上被击倒的瓶数外，还要用符号"○"把数字圈起来。如果第二次投球将所有的球瓶击倒，则应视为补中，用符号" /"表示。

（5）第一次投球落入球沟中，即为失误球，用字母"G"表示，该球得分为0分。失误不影响该轮的第二球投掷，可进行补投。记分方法同上。凡是第二球失误，在右边小格内用"—"符号表示，此球得分也为0分。

（6）犯规是指做球离手动作时，当球离手到撞击球瓶的期间，身体的某一部分在犯规线上或超过犯规线而触及球道。投球犯规则在表格内用字母"F"表示，该球的得分为0分。犯规球无论击倒多少个球瓶，均为0分。若在第一次掷球犯规，须将球瓶全部重新排好，再掷第二球。犯规不影响该轮的第二球投掷。

（7）第十轮的第一次投球全中时，可继续投两个球，这两个球的得分加第一球的10分为第十轮的总得分。

（8）第十轮第一次投球未全中，应进行第二次补投，如果补中，可继续投最后一个球。3 球得分相加即为第十轮的总分。如果第二次补投未能全倒，不能再投第三个球，两次投球得分相加之和即为第10轮总得分。

（9）10轮得分累积相加之和为全局总分（表2-2）。保龄球一局是10个回合，最高投球次数为21次，最少投球次数则是在前9轮皆为全中，第十轮未能全中或补中，第三球自动取消，总投球数为11球。如果从第一轮的第一球开始到第10轮，连续投出12个全中，按规则每个全中球奖励下两个球的得分，即每轮以30分计，最高局分将达到300分（表2-3）。

表 2-2　保龄球记分方式

| 轮次 | 一 | | 二 | 三 | | 四 | | 五 | | 六 | | 七 | | 八 | | 九 | | 十 | | | 总分 |
|------|----|----|----|----|----|----|----|----|----|----|----|----|----|----|----|----|----|----|----|----|------|
| 积分 | 8 | — | × | 9 | / | 8 | 1 | G | / | 6 | 3 | × | | × | | F | / | 9 | / | × | 总分 |
| | 8 | | 28 | 46 | | 55 | | 71 | | 80 | | 108 | | 128 | | 147 | | 167 | | | 167 |

表 2-3　保龄球满分记分方式

| 轮次 | 一 | 二 | 三 | 四 | 五 | 六 | 七 | 八 | 九 | 十 | | | 总分 |
|------|----|----|----|----|----|----|----|----|----|----|----|----|------|
| 积分 | × | × | × | × | × | × | × | × | × | × | × | × | |
| | 30 | 60 | 90 | 120 | 150 | 180 | 210 | 240 | 270 | 300 | | | 300 |

## 四、保龄球馆的设计要求

### 1. 设施设备要求

（1）保龄球馆要设计美观，面积大小与室内场地要相适应。

（2）球、球道、球柱等运动器材和设施，要符合国际比赛标准。

（3）球要光滑，球道平整、干净。

（4）室内照明要充足，光线柔和。

### 2. 配套设施要求

（1）球场旁边要有与接待能力相应档次与数量的男更衣室、女更衣室、淋浴室和卫生间。更衣室配带锁更衣柜、挂衣钩、衣架、鞋架与长凳。

（2）淋浴室各间互相隔离，配冷热双温水喷头、浴帘。卫生间配隔离式坐式大便器、挂斗式便池、洗盥台、大镜及固定式吹风机等卫生设备。

（3）各配套设施墙面、地面均需满铺瓷砖和大理石，有防滑措施。

（4）球场内要设饮水区。

（5）各种配套设施材料的选择和装修，应与保龄球馆设施设备相适应。配套设施设备完好率不低于98%。

### 3. 环境质量要求

（1）保龄球馆门口要设营业时间、客人须知、价目表等标志牌、导标牌。

（2）标志牌、导标牌设置要齐全，设计美观，安装位置适当，并应中英文对照、字迹清楚。

（3）室内要保持在20~22℃，相对湿度为50%~60%。

（4）自然采光要良好，灯光照明度均匀。换气量每人每小时不低于30立方米。

（5）整个球场环境要美观、舒适、大方、优雅。

### 4. 卫生标准要求

（1）保龄球馆卫生要每日打扫，随时清洁。保持球道平整光滑，一尘不染。墙面壁饰要整洁美观，无蛛网、灰尘、污迹，不掉皮、脱皮。

（2）地面要洁净，无废纸、杂物和卫生死角。所有用品及用具要摆放整齐、规范。

## 五、保龄球馆的服务程序

### 1. 营业前

（1）上岗前要做自我检查，做到仪容仪表端庄、整洁，符合要求。

（2）开窗或打开换气扇通风，清洁室内环境及设备。

（3）检查并消毒酒吧机具和其他客用品，发现破损要及时更新。

（4）补齐各类营业用品和服务用品，整理好营业所需的桌椅。

（5）查阅值班日志，了解客人预订情况和其他需要继续完成的工作。

（6）最后检查一次服务工作准备情况，处于规定工作位置，做好迎客准备。

2．迎宾

迎宾的时候，服务员要面带微笑、主动问候客人，如客人需要脱衣摘帽，服务员要主动为客服务，并将衣帽挂在衣架上，请客人在场地使用登记表上签字。

3．室内服务

（1）为客人办好活动手续，并提醒客人换好保龄球鞋。

（2）客人换好鞋后，要引领客人到选定球道，打开电脑显示器，向客人介绍活动规则和活动须知。

（3）客人选球时，服务员要耐心介绍球的重量，为客人选好用球。

（4）客人娱乐时，服务员要主动征询客人意见，根据客人需要及时提供饮料、面巾等服务。

（5）如客人要求陪打时，服务员应礼让在先，对客人击出的好球要鼓掌示好。

（6）当客人示意结账时，服务员要主动上前将账单递送给客人。

（7）如客人要求挂账，服务员要请客人出示房卡并与前台收银处联系，待确认后要请客人签字并认真核对客人笔迹，如未获前台收银处同意或认定笔迹不一致，则请客人以现金结付。

（8）客人离别时，要主动提醒客人不要忘记随身物品，并帮助客人穿戴好衣帽。

4．送别客人

（1）服务员要将客人送至门口，向客人道别。

（2）迅速整理好场地，准备迎接下一批客人的到来。

 **补充提高**

### 保龄球礼仪

（1）进入投球区时，必须更换保龄球专用鞋。

（2）只使用自己选定好的保龄球。

（3）等到球瓶完全置好之后再投球，切勿打击清理横杆。

（4）不可以进入旁边的投球区。

（5）不可以随便地进入投球区。

（6）先让已经准备好投球姿势的人投球。

（7）在遇到同时进入投球动作的情况时，由右边的人优先进行投球。

（8）在投球区，投球的预备姿势不可以太久。

（9）投球动作结束之后，不可以长久地留在投球区。

（10）禁止高抛式投球。

（11）不可以干扰正在投球的人的注意力，当别人投球时，应停止练习。

（12）不可以在投球区挥动保龄球。

（13）成绩不好时，不要埋怨器材。

（14）不可以评判别人的缺点。

（15）不可以把水洒落在投球区上。

# 第二节　台 球 服 务

 ## 学习目标

★ 了解各类台球运动所使用的器材和设备。

★ 掌握台球的架杆方式、击球姿势与击球方法。

★ 熟练掌握台球运动规则、记分方法。

★ 熟练掌握台球服务的基本步骤，能严格按照服务规范提供标准服务。

★ 熟练掌握台球设备及器具的日常维护保养方法。

★ 具备一定的示范指导能力，并且能够提供摆球、复位、记分及陪练服务。

★ 能演示台球厅工作规范。

 ## 技能目标

★ 能演示帮助客人摆台、复位、选杆等服务。

 ## 相关知识

台球也称桌球、弹子球，台球运动起源于欧洲，据作家、台球史学家亨德利克斯的考证，世界上第一张台球桌出现于1400年。在台球桌出现以前，它是人们在户外的地上玩的一种被称为滚球的游戏，后来这种游戏被人们移到室内的台桌上，于是滚球游戏变成了室内的桌上游戏。最早的台球游戏，球桌无袋，只有拱门或球柱，桌面上只有两个球，传到法国后，加入了一个红球，不久桌面上又被人们开了几个洞，于是这种游戏的趣味性大增，很快在欧洲流行起来。在英国维多利亚女王时代，台球作为一项宫廷王室的娱乐活动进入上流社会。在法国路易十四时期，台球活动蔚然成风，很受社会名流推崇，据说路易十四国王就曾接受御医的建议，每天晚餐后打一次台球，以此来增进健康。在美国林肯时代，各种娱乐场所都设有台球厅，美国人对台球更是情有独钟，以至于后来发明了一种美式台球——16彩球台球。

19世纪中期，随着工业的发展，使台球有了更大的改进，这推动了台球运动的发展，并开始流行于欧美各国及亚洲的日本等国，成为当时俱乐部、酒吧及各娱乐场所常备的一项活动。

20世纪初，台球游戏逐渐演变成竞技运动项目，不同国家和地区相继成立了台球竞赛管理机构，如1919年成立的英国台球联合会。1940年在比利时的布鲁塞尔成立了世界台球联盟，负责国际性台球比赛活动。1948年，美国台球协会成立，它是美国各种台球运动最高的管辖机构，总部设在芝加哥。

台球种类很多，就地区而言，可分为三大类：英式台球（图2-17）、法式台球（图2-18）、美式台球（图2-19、图2-20）。英式台球和美式台球属于落袋式台球（有袋式），法式台球属于传统的撞击式台球（无袋式）。以所用球的数量来分，又有3球台球、4球台球、9球台球、16彩球台球、22彩球台球等。以台球的击球技巧来分，则有斯诺克台球（Snooker）、8号球、轮换球等。因此，世界上也成立了不同的台球运动管理机构：世界美式台球协会、国际台球联合会、世界台球联盟。为了促进该运动项目更加蓬勃地发展，使之早日进军奥运会，1990年，经协商，三个世界性台球运动管理机构组成了统一的世界台球运动联盟。1998年，国际奥委会正式承认世界台球运动联盟，促进了世界台球运动的发展，同年在泰国曼谷举行的第十三届亚运会中，台球项目成为正式

图2-17　英式台球

图2-18　法式台球

图 2-19　美式 9 球台球　　　　　　　图 2-20　美式 16 球台球

比赛项目，这表明台球运动从此走向世界高水平的竞技舞台。

我国台球运动开展得比较晚，鸦片战争后，国外侨民首先在中国开展台球活动，进而在中国的上层社会中流行传播。20 世纪初，在中国沿海大城市中就出现了"弹子房"，消遣对象仅限于达官贵人。1960 年，在中国举办了第一次全国性比赛。1985 年，在天津和上海先后举办了两届全国性比赛。1986 年，中国台球协会成立，目前全国有 5 万多家台球厅。我国在 1989～1992 年连续几年邀请世界台球名手到我国表演，1993 年在北京举办了第一届亚洲台球锦标赛，1998 年举办了世界台球锦标赛。而北京体育大学也率先开设了台球课程。近几年，在中国又连续举办了多届国际水平的台球比赛，尤其是丁俊晖、潘晓婷等中国选手频频在世界大赛上获胜，使得台球越发地受到关注和普及，这在一定程度上推动了我国台球运动的发展。

台球运动是一项高雅、文明、健康的体育活动，它集休闲娱乐、静心健身和竞技比赛于一体，随着现代生活节奏的加快，它已成为大众化的休闲运动。由于其占场地小、不受天气和时间等因素的影响，既能强身健体，又能益智和陶冶情操，并且组织和活动形式多样，目前已广泛流行于全世界。在现代台球比赛中，选手们依旧像过去那样穿着西装、皮鞋，打着领结出场竞技，是唯一穿着西装比赛的球类运动，因此又被人们称为大众化了的"绅士运动"。

## 一、台球运动的基本设施

台球运动的基本设施主要由球台、球杆、球、杆架、巧克粉、三角框、场地、灯光等组成。

### 1. 球台

球台是用优质木材及辅料制成的矩形框。球台规格依不同玩法而异，一般美式台球的规格有 210 厘米×105 厘米和 254 厘米×127 厘米两种，斯诺克球台的规格为 366 厘米×183 厘米，无论哪一种规格，长与宽的比例都是 2:1。球台的高度一般是 80 厘米，台面用高级呢绒铺平，国际上有落袋式与无袋式球台之分。

2. 球杆

球杆是前细后粗、笔直、长度在 140～150 厘米用优质木材做成的长杆，杆重 450～650 克，杆头直径在 10 毫克左右。

常见的球杆有两种，一般击打美式落袋多使用大头球杆（图 2-21），击打斯诺克台球则使用小头球杆（图 2-22）。

图 2-21　美式落袋球杆

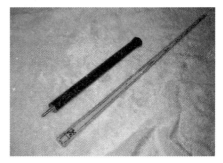
图 2-22　英式斯诺克球杆

球杆细头的端面上贴有一小块皮头和围有一圈先角。皮头（图 2-23），是以牛皮、猪皮或鹿皮等皮质包覆而成，由于皮头是球杆与球接触的第一线，使用久了，皮头会因挤压而变形，因此需要定期保养整修；先角（图 2-24），就是在皮头旁的那一圈，主要的功能是吸振，先角的材质可分为塑钢、塑胶、象牙、玻璃纤维等。

图 2-23　皮头

图 2-24　先角

选择球杆首先要考虑适用和不弯曲，长度以从脚量起，使杆垂直，杆头能到下颌附近为宜。杆头应平整，与杆身稳固接合，否则不利于瞄准击球。

### 3. 球

台球是用硬质材料制成的质地均匀的球体，一般都用高能聚酯制成，也有用象牙做成的豪华球。台球的玩法不同，对球的大小、重量要求也不同，英式台球稍小，如图 2-25 所示。美式、法式球较大，如图 2-26 所示。球的直径一般在 5.25～6.70 厘米。

图 2-25　英式台球

图 2-26　美式台球

### 4. 杆架

杆架（图 2-27）是用来支撑球杆击球的辅助工具。当白球位于球台上较远处，不便于用手架杆时，就需要用金属制的杆架。常用的杆架有十字式和多槽式两种，也有长短之分。

### 5. 巧克粉

巧克粉（图 2-28）也称为"翘粉"，是为防止击球打滑，增加球杆皮头与白球的摩擦力而特制的，呈六方体。

图 2-27　杆架

图 2-28　巧克粉

### 6. 三角框

三角框（图 2-29）用于定位。摆球时将台球置于球框内，然后再推到置球的位置。三角框有塑料和木制两种。

### 7. 记分牌

记分牌（图 2-30）一般是上下两档的横式算盘或数字标尺，也有翻牌式记分牌和电子记分表。

图 2-29　三角框

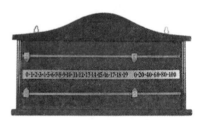

图 2-30　记分牌

### 8. 滑粉

滑粉是用以减小球杆与作为支架的手之间的摩擦力。

### 9. 插杆架

每张台球桌旁都应摆放插杆架，如图 2-31 所示。球杆用完后，要顶朝上、柄朝下整齐地排列在插杆架上。

### 10. 定位器

当球的表面被巧克粉、落尘、呢绒等玷污时，需将球拿起来将表面擦拭干净，再准确无误地放回原处。定位器（图 2-32）就是用于准确地将球复归原球位的工具。

图 2-31　插杆架

图 2-32　定位器

11. 球台灯罩

打台球时，要求光线必须从上而下均匀地照射在整个球台的台面上，不能有散射光线直接刺射运动者的眼睛，所以要求在距离台面 1 米高处吊有专用的大型梯形灯罩，需要有 300 瓦的灯光。

12. 场地

台球运动的场地要求平坦、干净、无灰尘，球台周围有 2 米左右的空间余地。

## 二、台球的基本技术

1. 握杆技术和身体姿势

握杆是台球学习的第一步。握杆的正确与否，会影响到击球质量的好坏。

（1）握杆位置。握杆的位置对击球效果有直接影响，最佳的握杆位置由三个因素决定：一是球杆的重心位置；二是击球力量；三是被击主球的位置。其中，球杆的重心是关键性因素，找到球杆的重心，握杆的最佳位置也就基本可以确定了，具体方法是掌心向下，拇指与食指扣环，将球杆放在环内，通过调整找到球杆在指上的平衡，此时手指与球杆的接触点便是球杆的重心点（图 2-33）。从这个重心点向杆后移动 6～9 厘米，便是握杆的合适位置。当然，击球时握杆的位置可以根据具体情况偏前或偏后些。一般来说，当主球较远时握杆要靠近杆尾处；用大力击球时，握杆手也可稍稍往后握一些，以便在手架前留长杆头部的长度。当主球靠近台边或贴台边时，握杆手则需向杆中间移动一些，以保证动作的正确。

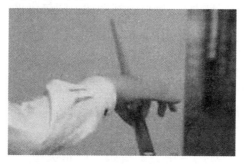

图 2-33　球杆重心点的确定方法

（2）握杆方法（图 2-34）。当找到握杆位置后，接下来就应该正确地握杆。正确的握法是（以右手为例）：拇指、食指和中指在虎口处用轻力握住球杆，其余两个手指虚握，既要握牢球杆，不使球杆滑动，又要使手处于松弛状态。切忌五个手指用力握杆，否则运杆时动作会显得僵硬，球杆上下起伏明显。

握杆时手腕要自然垂下，既不要外翻，也不要内收，防止出杆时手腕转动。握杆手要接近腰部并与腰部保持一定的间隔，以便球杆前后运动时不被身体影响。

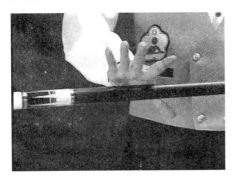

图 2-34　握杆方法

图 2-35　身体姿势

（3）身体姿势（图 2-35）。身体姿势与击球效果密切相关。击球时，身体要面向所击的主球与目标球。如右手握杆，站立时是左脚在前，右脚稍后一点，左膝稍微弯曲，右膝直立，两脚之间形成八字，也可以站成丁字，两脚开立应与肩齐宽，使身体平衡。击球时要全身放松，身体向前俯，重心压在脚上，而不能压在手上，头抬起，球杆与下颌正中轻轻相贴，头部与球杆在一条线上，双眼保持顺球杆方向水平前视。右肩因上体右转后下俯，从正面看右肩是藏于头后。并使右肘部提起与肩保持在一个垂直面上。握杆手与肘关节点处在同一条与地面相垂直的线上。

2. 击球的技术动作

台球的击球动作包括架杆、运杆、杆触球、随势跟进四个环节。

（1）架杆。就是用手或杆架给球杆一个稳定支撑和对杆头在主球的击球点进行调节的姿势。常见的架杆方法有四种：

① 平背式（图 2-36）。先将整个手掌放在台面上，掌心向下，五指自然分开，手背稍微弓起，拇指跷起用其第二指关节和食指的根部相贴形成一个"V"形的夹角，球杆放在"V"形夹角内。手指弯曲和手掌向上抬起，可以调节架杆的高度。

② 凤眼式（图 2-37）。左手手指张开，指尖微向内弯曲，用拇指和食指扣成一个指环，并与球杆呈直角，手掌和中指、无名指、小指构成稳定支撑。

③ 特殊姿势（图 2-38）。当主球贴台边时，架杆手需要用四指压在台边上，当主球和台边有一定的距离时，架杆手可以用四指紧抓住台边，当主球后有其他球时，架杆手需将四指立起来，避免球杆碰到主球后的其他球。

④ 用杆架法（图2-39）。用长柄杆架打球时，既不能握杆也不能捏杆，而应是像拿钢笔那样用拇指、食指、中指3个手指和无名指擎着球杆击球。

图2-36　平背式架杆

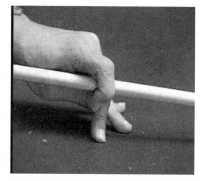

图2-37　凤眼式架杆

图2-38　特殊姿势架杆

图2-39　用杆架架杆

（2）运杆。在确定击打主球的部位后，要试着做几次往返进退杆的运杆动作，运杆的目的是使手臂和手腕对球有一个击点和力度上的预先感受，并适当放松，以获得击球的准确性，因此，运杆时要求身体保持稳定，持杆后摆的幅度大小取决于所需要的击球力量和杆头与主球间的距离，后摆动作要做到稳和慢，出杆前控制好杆的平稳，一定要使其线路平直。

（3）杆触球。是球杆在后摆、停顿后完成的动作。以肘关节为轴，前臂向前送出，击球瞬间，动作要果断、清晰，对手腕力量的使用根据击球目的加以控制。

（4）随势跟进。击球后球杆要随势跟进。该动作是为了保证击球力量充分作用在主球上和保持击球动作的协调连贯性。

### 3. 击球方法

（1）选择主球击球点。主球击球点（图2-40）是球杆撞击主球某一部位的点。主球上的击球点最基本的有5个，即正中点①、中上点②、中下点③、中左点④、中右点⑤。另外，还有 4 个常用的击球点，即左上⑥、右上⑦、左下⑧、右下⑨。击球时撞击不同的点，主球可产生不同的运动效果。

图 2-40　主球击球点

（2）瞄准方法。要想把目标球打入球袋，就需要有精确的瞄准。最基本的瞄准方法是：球杆、主球、目标球在同一直线上。虽然实战中情况多变，瞄准姿势多样，但基本原理不变。

（3）主球运动的特点。球杆撞击不同的击球点，主球就有不同的运动方向，依其击球点和球杆位置形成两种基本运动方向。

① 第一种基本运动方向：当球杆撞击主球的中上点、正中点、中下点时，主球运动方向与球杆中轴线一致，但其运动特征不同，表现在以下三个方面：

第一，速度特征。主球依其击球点不同，用同一力度撞击主球时，其速度特征表现为：击中上点的速度轻快，正中点次之，中下点较慢。

第二，旋转特征。当球杆撞击主球的中上部时，主球随即以正上旋形式向前运动；当球杆撞击主球的正中部时，主球开始是无旋转形式向前滑行，然后以正上旋形式向前运动；当球杆撞击主球的中下部时，主球开始以无旋转形式向前做瞬间滑行后便以反下旋形式向前运动，经过一段距离后，球仍然以正上旋形式向前运动。

第三，力量特征。当用同一力度分别撞击主球的中上点、正中点和中下点时，由于击球点不同，主球的速度和旋转形式不同，主球运动时受到台面的摩擦力的大小不同，主球撞击目标球的力量也不同。

② 第二种基本运动方向：当球杆撞击主球的左部或右部时，主球运动方向与球杆中轴线一致，主球产生顺时针或逆时针的自身旋转向前运动。

（4）安全击球区。不同的击球点使主球产生不同的运动形式。在撞击主球除中点外的任何一点时，都可能产生滑杆，因球杆击球时，越是靠近中间部位，杆头与球的接触面就越大，反之越小，当杆头与球的接触面小到了极限以下时，就会产生滑杆。所谓安全击球区，就是以主球的正中点为中心、球半径的 3/5 为半径画圆的区域，在这个范围内击打主球是不会出现滑杆的。

### 4. 主球与目标球

台球运动是运用球杆撞击主球，通过主球将目标球撞击入袋或通过主球撞击目标球而得分的一项运动。主球与目标球的关系简述如下。

（1）正球与偏球。正球是主球的中心击球点、目标球的撞击点和袋口的中心都在一条直线上使目标球落袋得分的击打方法。偏球是用主球撞击目标球的侧面，以达到改变主球与目标球运动路线，使目标球落袋或击球得分的击球方法。

（2）厚球与薄球。偏球击法又以偏侧的程度不同分为厚球与薄球。厚球与薄球是由撞击时主球与目标球的重叠程度来决定的，以 1/2 为分界线，重叠部分正好是 1/2 的称为半球或二分球，重叠部分多于 1/2 的称为厚球，重叠部分少于 1/2 的称为薄球，主球与目标球全部重叠的就是上述的正球。在用偏球击法打厚球时，其瞄准点是目标球击球点向外延长一个球半径处与主球中心点纵向运动方向延长线的交点。

（3）主球与目标球撞击后球的运动方向和运动轨迹。击打偏球的厚薄取决于两个因素：一个是目标球的运行方向；一个是主球与目标球的位置。主球与目标球撞击后，不管厚薄如何，主球都会偏离原来的运动方向。从理论上讲，碰撞后主球与目标球运动方向的夹角必定是 90°，但是由于台面的摩擦力、主球的旋转、球的运行目标等因素不同，主球与目标球运动方向的夹角不可能是 90°，而是有所变化的。

### 5. 球与台边

灵活地利用球台边框的技巧，是台球技击中的基本技术。根据物理学原理，在击出的主球没有旋转的情况下，主球与台边碰撞，入射角等于反射角。但在台球技击中，由于目的不同，球杆撞击主球的击球点也不同，台边反弹球的情况也不同。

（1）击主球中心点或中上点主球直线向前运动，碰到台边时由于台边的反作用，主球又沿原来的线路返回，返回距离与撞击主球的力量成正比。

（2）当击主球的中下点时，反射角一般大于入射角。

（3）击主球左侧或右侧。当击主球的左侧时，球产生顺时针方向自旋，球碰台边后反射角小于入射角，即右旋向左偏；当击主球的右侧时，球产生逆时针方向的自旋，球碰台边后反射角大于入射角，即左旋向右偏。

（4）不同力量击球。当击主球的力量不同时，反射角也不同。重击时，主球的反射角与入射角几乎相等或稍大些；轻击时，主球的反射角小于入射角。

## 三、台球比赛的基本规则

### 1. 台球运动的比赛方法

台球运动的竞赛工作、组织程序同其他球类运动一样。根据其规模的大小，比赛可分为对抗赛、淘汰赛、循环赛等。

（1）个人对抗赛。在比赛开始前，应由比赛组织者确定一个判断胜者的方法，如一局决胜负或三局二胜制等。然后组织参赛者个人抽签，以确定运动员之间的对阵，随后便可以依对阵表进行比赛。

（2）团体对抗赛。由组织者或裁判员召集双方队长填写该队运动员出场顺序，并将两队出场顺序一一对应，根据事先制定的判定胜负的方法进行比赛，或运动队打完整个比赛后，以最后的结果来判定比赛的胜负。淘汰赛与循环赛的编排方法同其他球类项目。

### 2. 台球运动的比赛规则

台球种类很多，每一种打法都有一套规则，在此仅介绍斯诺克台球和16彩球台球的玩法与规则。

（1）斯诺克台球的玩法与规则。"斯诺克"为阻碍之意，即可设置障碍，使对方受阻挨罚，是一种以得分和罚分并用来计算胜负的活动。斯诺克台球据说是英国的一名士兵发明的。球台比较高大，球较小。为了击球时能选择更精确的击球点，球杆顶点面积较小，需要有较高的准确性才能进球。斯诺克台球共有22个球，其中15个红色球，1个黄色球，1个绿色球，1个褐色球，1个蓝色球，1个粉红色球，1个黑色球，这6个球也称为色球，另外还有1个白色球，即主球。斯诺克台球是记分式台球，击球落袋即可得分。

① 开球线与开球区（图 2-41）。平行于底岸，距底岸内沿 74 厘米，且相交于两边岸的一条平行直线为开球线。以开球线中心为圆心，以 29.2 厘米为半径，向底岸方向画出的与开球线组成的半圆形区域为开球区。

② 置球点与球的分值（图 2-41）。台面上共有 6 个置球点，分别用于放置 6 个色球。其中有 4 个置球点位于球台纵向中心线上，分别是：黑球置球点，距顶岸垂直距离为 32.4 厘米处，分值为 7 分；粉球置球点，位于两腰袋和两顶袋组成的对角线的交点，分值为 6 分；蓝色球置球点，位于球桌正中点，分值为 5 分；褐色球置球点，位于开球线的中心点，分值为 4 分。另外，从开球区的一侧看，绿色球置球点位于开球区与开球线的左交点，分值为 3 分；黄色球置球点位于开球区与开球线的右交点，分值为 2 分；红色球 15 个，位于粉球和黑色球之间、顶角和粉红色球接近而不相贴的一个正三角形区域，每个分值为 1

分；白色球为主球，可以摆放在开球区中的任何位置上。

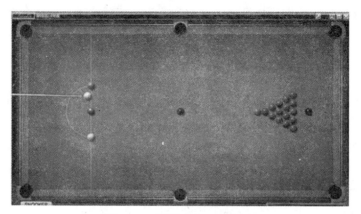

图 2-41　斯诺克台面示意图

③ 基本玩法。

● 开球权与开球：以猜硬币或其他方式决定开球权。在击第一杆球时，主球从开球区击球，开球时主球必须击中红色球，而且一不能击空，二不能直接击粉红色球，三不能让主球落入袋中，否则，按规则罚分，并由对方获得击球权。

● 击球次序：在获得击球权后，第一杆必须打红色球，如红球被送入袋，红色球则留在袋中，然后可在色球中指定任何一个作为第二杆的目标球。如指定的色球被送入袋中，必须立即将色球从袋中取出，放在原置球点上，若该位置被其他球占据，则放在邻近且分值较高的色球置球点上，接着再打红色球，打红色球与打色球必须相间进行，直至红色球全部被击落，最后还要击落一个色球并取出，此时，球台只剩下 6 个色球和主球，剩下的 6 个色球必须按分值从低分球到高分球一个一个击打，被击入袋的彩色球不再放回原始位置上。未按顺序或被误送入袋的彩色球仍需取出复位并罚分。在游戏进行当中，一方打球失误或是球没有进袋，就换对方击球，直至一方将球台上的球全部打入球袋，完成一局。

● 记分方法：击落红色球得 1 分，击落色球，按它的分值得分，21 个目标球总分是 42 分，如果每次击落一个红色球后都能击落 1 次黑色球，然后再将 6 个色球按顺序击入袋中，就可得到 $1 \times 15 + 7 \times 15 + 2 + 3 + 4 + 5 + 6 + 7 = 147$ 分，即斯诺克台球一杆最高可得 147 分。

● 手中球与自由球。主球被击出界或自落，都是下一个击球者的手中球，即由对方获击球权。手中球能摆放在台面的任一点上，可击任何方向的球。自由球也叫任意球。当击球队员犯规后，主球变成死角球或障碍球时，应判为自由球。改由对方击球时，可以指定任何非活球代替目标球，这个非活球就是自由球。如红色球为目标球，选择了蓝色球为自由球，将其击落，等于击落了一个红色球，下一击应选择色球为目标球。

④ 犯规及处罚。斯诺克台球中一切违犯规则的情形都要罚分。罚分多少由球的分值决定，最多的是黑色球 7 分，最少的是褐色球 4 分，其余不足 4 分的球均按 4 分处罚。所罚分数不是在犯规这一方所得的分数中扣除，而是将所罚分数加给对方，最后累积记分高者获胜。

击球时出现犯规情况，裁判员应立即宣布，并在这一击结束之后宣布处罚结果。如果裁判员没有在下一击开始之前做出判决，并且对方也没有提出异议，这次犯规即视为被宽恕。如对方要求犯规方继续击球，犯规方被罚分后必须继续击球，对方的要求一经提出就不得收回。击球失误导致犯规时，必须按照该球的分值罚分。如果一杆球同时产生几种罚分，取最高值判罚而不累计罚分。有下列情况之一者将被判犯规并罚分。

- 球未停稳即开杆击球。
- 击球时杆头触击主球 2 次以上。
- 击球时双脚离地或服饰、身体、球杆等触动球。
- 击球时推杆或击成空杆。
- 用自由球做成障碍球。
- 手中球未放在开球区内开球。
- 击成跳球或击球出台，包括主球出台。
- 使非活球被击中或落袋。
- 主球同时撞击 2 个球（同时击 2 个红色球或一个自由球和一个活球除外）。
- 连续 2 次都击红色球。

（2）16 彩球台球的玩法与规则。美式 16 彩球由于其简单易学而受到普遍欢迎，美式 16 彩球台球（图 2-42）中，只有主球是白色，余下的 15 个都是彩球，为目标球，其中 1～8 号球全彩，9～15 号球为带彩。16 彩球台球的玩法很多，在此仅介绍在我国较为流行的顺序式玩法和 8 号球玩法。

① 顺序式玩法及其主要规则。

- 置球与开球：顺序式打法中 15 个彩球呈倒三角形置于置球区，1 号球置顶角，2 号球置左角，3 号球置右角，15 号球置正中，其他球可任意摆放。
- 争得开球权者，将主球放在开球起点上，即 1/2 长台边中点连线的正中间，或放在连线后面任意一点。开球时必须撞击 1 号球，并且至少有两个球（包括主球）碰到台边，否则开球无效。

图 2-42 美式 16 彩球台球

- 基本玩法：顺序式玩法也称轮换玩法，击球时按照台球上的号码从小到大依次击球入袋，每击入一个球，就以球的号码为分值记分，1～15号球累积起来是 120 分，当一方超过 61 分即为获胜者。如果主球击最小号码的目标球入袋的同时，又击落了别的球落袋，都算有效，并同时记分；如果击球中碰到最小号码的球，再将别的球击落入袋，也判有效，并按落袋球号记分。主球入袋后，需取出来放在长台边中部连线以内的任意一点，这时不许直接撞击 1/2 长台边中间连线以内的目标球，但可以利用台边反弹来撞击。

- 失机与失误：击球中，虽击中了目标球，但未将其击入球袋；击球者双脚离开了地面或连击；目标球被击出台面；主球先击中别的球，再击中最小号码的球等，这些情况都将使击球者失去连续击球的机会，改由对方上台击球。击球失误是要受罚的，处罚规则一般是停止击球一次或判对方连击两次。失误通常有以下几种情况：主球落袋；主球落袋同时也击落了目标球或其他球，除主球置回开球线外，落袋的其他球也要取出置放到开球点；主球出界或击落了不是最小号码的目标球；空杆或两次空杆且主球运动到极不利于击目标球的位置时，对方有权要求失误者再次击球，否则判对方得分。

② 8 号球玩法及其规则。

- 置球与开球：8 号球玩法的置球方法是目标球呈倒三角形置于置球点，8 号球置于球堆的中央位置，三个角上分别是 1、2、3 号球，也可以任意摆放，只要 8 号球的位置不动就行。

- 争得开球权者，开球时击中球堆即为有效，但开球时击中了 8 号球或主球落袋或两者同时落袋，均需重新开球。

- 基本玩法：8 号球玩法是将 15 个球分为两组，1～7 号球为一组，9～15 号球为一组，8 号球为双方争夺的球。击球中，谁打哪一组取决于第一个被击落的球。打球的过程中无须注意自己组内各球的分值顺序，如果误将对方的球送入球袋，无须取出。击球过程中，如果自己的目标球未能入袋，或主球进袋，都由对手获得击球权。当某一方将所属于自己的那一组球全部击落，即可击8号球，谁先将8号球击落袋中谁获胜。有时，也可以指定球、指定袋击打，如1号球必须落入右中袋，8号球必须落入左中袋等。

● 失机与失误：击球不入袋或将对方的球击入袋中，主球落地或错击，空杆或连击，击球出界或击球时双脚离地等情况均为失机。在8号球玩法中，若被判为失误，将输掉该局的比赛。被判为失误的主要情况有：击8号球时使其出界；在自己所属一组球未完全击落前，将8号球击入球袋；击8号球时犯规；在8号球不是合法目标球时击8号球入袋或8号球没有被击入指定的球袋。

## 四、台球厅的设计要求

### 1. 设施设备要求

（1）台球厅要设计美观，面积大小与球桌安排要相适应。

（2）球桌、球杆、台球、记分显示等运动器材和设备，要符合国际比赛标准。

（3）球桌要坚固平整。

（4）室内照明要充足，光线柔和。

### 2. 配套设施要求

（1）球场旁边要有与接待能力相应档次与数量的男、女更衣室，淋浴室和卫生间。更衣室配带锁更衣柜、挂衣钩、衣架、鞋架与长凳。

（2）淋浴室各间互相隔离，配冷热双温水喷头、浴帘。卫生间配隔离式坐式大便器、挂斗式便池、洗盥台、大镜及固定式吹风机等卫生设备。

（3）各配套设施墙面、地面均需满铺瓷砖和大理石，有防滑措施。

（4）球场内要设饮水区。

（5）各种配套设施材料的选择和装修，应与健身房设施设备相适应。配套设施设备完好率不低于98%。

### 3. 环境质量要求

（1）台球厅门口要设营业时间、客人须知、价目表等标志牌、导标牌。

（2）标志牌、导标牌设置要齐全，设计美观，安装位置要适当，并应中英文对照、字迹清楚。

（3）室内球桌摆放要整平。桌面之间和四周通道宽敞，两桌间距离不少于 2.5～3.0 米。

（4）室内要保持在 20～22℃，相对湿度为 50%～60%。

（5）自然采光要良好。灯光照度不低于 60 勒克斯，照度应均匀。换气量每人每小时不低于 30 立方米。

（6）整个球场环境要美观、舒适、大方、优雅。

### 4．卫生标准要求

（1）台球厅卫生每日要整理，随时清洁。球台平整光滑，台面无印迹、污迹，一尘不染。墙面壁饰要整洁美观，无蛛网、灰尘、污迹，不掉皮、脱皮。

（2）地面要洁净，无废纸、杂物和卫生死角。所有用品及用具摆放要整齐、规范。

## 五、台球厅的服务程序

### 1．营业前

（1）换好工作服提前到岗。

（2）领班分配具体任务并提出要求。

（3）打扫室内卫生，包括地面、门窗、烟灰缸、衣架、杆架、灯罩、台面等。

（4）台球设备及用具准备到位，并保证完好无损。

（5）各岗位服务员到位，准备迎接客人。

### 2．迎宾

迎宾的时候，要微笑迎客，向客人致以问候，引领顾客到服务台。

### 3．室内服务

（1）根据来客人数及球台使用情况迅速安排球桌。如果客满，则安排客人排队等候或先帮客人安排其他活动内容。

（2）向客人介绍收费标准及付费方式，然后由客人自己选择确定。

（3）根据客人选定的打法将球按规则或客人的意愿摆好，问客人是否需要手套。客人开球时，服务员站在不影响客人击球的位置，注意客人的其他需求。如客人需要，可向客人讲解台球规则、技巧、记分器如何使用等内容。

（4）主动向客人询问是否需要饮品、小吃等，如有需要，应及时提供服务。

（5）有时客人需要示范动作或陪打，此时服务员应乐于接受、认真地提供服务，并根据客人的心理掌握输赢尺度。

（6）客人打完后，及时地检查设备、设施是否完好，并协助客人办理结账手续。

（7）客人结账后，服务台应向顾客致谢，顾客离去时，门岗服务员应表示欢迎下次再来。

（8）客人走后立即打扫休息区，整理球桌及用具，准备迎接下一批客人。

（9）如有顾客投诉，一般服务员能解决的，就应立即解决；解决不了的，就及时向领班、主管或经理汇报请示后再处理。

### 4．送别客人

（1）送客人至门口并礼貌向客人道别。

（2）及时清扫场地并整理物品。

（3）将使用过的毛巾送洗衣房，更换新毛巾，并放入消毒箱消毒，做好再次迎客的准备。

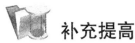 **补充提高**

### 台 呢 保 养

台呢保养的两个最重要的方法是刷拭和熨烫，其目的均在于尽量避免对于羊毛方向的破坏。

刷拭台呢：有规律地使用专用台呢刷，刷拭台呢是台呢保养方法中必不可少的步骤。它不仅可以除去台呢表面的灰尘和残留的巧克粉末，更可以使台呢绒毛恢复原有的方向性，从而保证台呢具有理想的外观及功用，并可以在很大程度上延长台呢的使用寿命。在刷拭台呢的过程中一定要顺着台呢绒毛原来的方向刷（绒毛方向应从开球弧指向七分点方向），不可横向刷拭，更不可反向擦拭，否则，台呢绒毛的方向性将被破坏甚至消失，台呢的羊毛纤维会纠缠到一起而影响球速及走位的正确性，这就是我们通常说的"起球"。另外，刷拭台呢一定要轻柔，以免损伤台呢纤维。

熨烫台呢：不定期的在刷拭台呢后顺着绒毛的方向熨烫台呢，可以提高球在台呢上的动弹速度。熨烫次数取决于球桌的使用频率及室内的温度。在湿润的环境中应适当增加台呢的熨烫次数。

熨烫台呢注意事项：以前的保养一定要保证台呢已经经过正确的刷拭，所以不但要干净，而且绒毛及纤维向着准确的方向。否则，台呢上的任何污物或是不正确的绒毛方向将会在熨烫过程中被永久地留在台呢上。在使用熨斗以前，一定要先在报纸上测试熨斗的温度。假如熨斗在报纸上留下轻微的烙印，请等到熨斗的温度下降后再进行熨烫台呢。库边台呢不需要熨烫，但必须时常刷拭。

# 第三节　网球服务

## 学习目标

★ 了解各类网球场地的特点、设施和规格。

★ 掌握网球的运动的规则和记分方法，对网球场地及器具进行日常维护保养。

★ 熟练掌握网球服务的基本步骤，提供标准服务。

★ 具备一定网球运动水平，能为客人提供陪练、指导和裁判服务。

## 技能目标

★ 能演示网球预订服务程序。

★ 能演示网球场服务程序和要求。

★ 能演示网球计时、捡球、裁判等服务。

## 相关知识

网球运动是2人（单打）或4人（双打）在中间隔着一个网的场地上，使用球拍往返击一个橡皮小球的球类运动。这项运动运动量较大，可以提高心肺功能，增强体力，对发展协调性有积极的作用，现在已盛行全世界，被誉为仅次于足球的"第二大球类运动"。

早在11世纪,法国修道院的僧侣们为了调剂单调的生活,消除无聊的烦恼,常常进行一种用手掌击球的游戏，开始是对墙击球，后来两人对击，有时在两人中间挂一条绳。当时用的是布缝制的、里面塞以毛发的球。双方隔绳用手托过来打过去，这种流行于法国的掌球游戏，便是古代室内网球的雏形（排球被称为是网球之子亦出自于此）。

1873年，英国有位名叫温菲尔特的乡村绅士，把这项古老的宫廷游戏搬到了室外。19世纪中叶，欧洲人掌握了橡胶技术之后，做出了能弹跳的球，球的质量取决于"球皮"的质量，当时人们公认埃及坦尼斯镇所生产的"球皮"质量最佳，所以后来就把网球称为"坦尼斯"（tennis）。球拍由弦线拉成替代了羊皮制作，球场以室外草坪替代了室内的小场地，这就是网球的原型。从孕育到诞生，虽然是一个发展的过程，却足足经历了几百年。

1874 年，美国一名叫玛丽·奥特布里奇的女士，将网球从英国引入美国，最初在美国只有女子打网球，男子们认为这是女子的运动。但网球本身的价值和给人的乐趣，赋予它强大的生命力，很快传到了纽约、新港、波士顿、费城等大城市。罗斯福当选美国总统时期，由于他本人爱好网球运动，使得网球运动在美国得到空前的发展。1887 年，哈佛大学就成了世界上第一所拥有网球场的大学。第二次世界大战中，其他各国网球赛都停止了，唯独美国没有停止，而且形成一个发展的高峰。在极盛时期，竟有 4 000 万人参加网球运动。所以直到今天，美国的网球运动始终处于世界领先地位，优秀的网球明星层出不穷。在 1998 年底公布的世界男女排名前 10 名中，美国有男选手 3 名，女选手 4 名，足可证明美国的网球运动是世界一流的。

自 1878 年以来草地网球变成真正的国际性运动。除英国外，加拿大、南非、斯里兰卡、印度、日本、法国、德国、比利时、美国等国家网球赛事已相当频繁。1912 年，国际网球联合会创立于法国巴黎。

1974 年，网球曾经是奥运会的比赛项目，后来因故停止。1988 年在韩国汉城召开的第 23 届奥运会上，网球被重新纳入比赛项目。但由于许多世界名将没有参加，比赛大为逊色，未达到提高水平的目的。进入 20 世纪 90 年代后，网球的发展呈现以下几个特点：一是逐渐普及，1990 年年初就有 156 个协会在国际网联注册；二是水平高，争夺激烈；三是随着器材的改革，尤其网球拍的研制，网球向着力量型、速度型方向发展；四是随着网球各种大赛资金投入的不断提高，网球的职业化、商业化程度越来越高。

## 一、网球运动的基本设施

### 1．场地

网球场是一块长 23.77 米、宽 8.23 米（双打为 10.97 米）的长方形场地，如图 2-43 所示。中间由一条挂在最大直径为 0.8 厘米粗的绳索或钢丝绳上的网隔开，网的两端应附着或跨在 2 个网柱上，网柱为边长不超过 15 厘米的正方形或直径为 15 厘米的圆柱，球网中心的高度为 0.914 米，并用不超过 5 厘米宽的白色带束于地面。球网采用深色蜡线或尼龙线编织而成，球网应该充分伸展开，填满两个网柱之间的空间，并将全场横隔成面积相等的两个区域。网孔的大小以能防止球穿过为宜。球网两侧 6.4 米处各有一条与底线平行的横线叫发球线，球网两侧发球线的中央连接起来成为中线。中线把两侧发球线之间的地面分成 4 个相等的区，叫发球区。中线两侧的长线叫边线。球场周围应留空地，国际网联规定，底线以后至少应有 6.4 米的空地，边线以外至少应有 3.66 米的空地。

通常一个场地配 8 盏灯。室外场地的四周可用钢丝网作围栏，围栏应高于 2.5 米，围栏应挂有挡布，以免球被击出场外。室内网球场的场地除面积规格要求外，还要求天棚的高度不低于 12 米，且地面多为涂塑硬地。

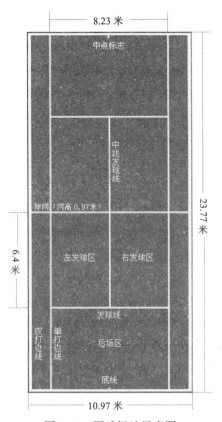

图 2-43　网球场地示意图

网球场地按环境结构划分为室内（图 2-44）和室外（图 2-45）两种，按地面材质可分草地球场、沙土地球场、硬地球场、合成塑胶球场和地毯球场等几种。

图 2-44　室内网球场

图 2-45　室外网球场

2. 球

网球（图 2-46）为圆形中空的橡胶球，外覆羊毛毡织物或尼龙混合织物，如果有接缝，应该没有缝线。球面上的短毛有延滞球速、稳定方向的功能。网球直径为 6.35~6.67 厘米，球的重量为 56.7~58.5 克。颜色应是绿色或黄色，正式比赛大多用黄色球。

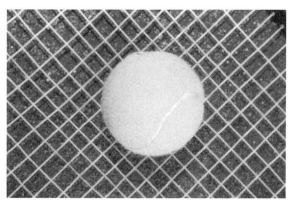

图 2-46　网球

3. 球拍

球拍有木制、铝制、玻璃纤维及碳纤维等几种，其中炭纤维球拍弹性好、韧度大、重量轻，最受欢迎。球拍的击球面应该是平坦的，由连接在球拍框上的弦组成。拍弦在交叉的地方应该是相互交织或相互结合的。拍弦所组成的式样应该大体一致，中央的密度，不能小于其他区域的密度。球拍的设计和穿弦应使球拍的两面在击球时的性质大体保持一致。弦线一般采用尼龙线、牛筋线、羊肠线。尼龙线坚韧耐用，不怕潮湿环境，但弹力与旋转力较差；羊肠线较为高级，旋转力强，弹力大，但在雨天或湿气重时容易断裂。球拍框的总长度包括拍柄不能超过 73.66 厘米，总宽度不能超过 31.75 厘米。穿弦平面的总长度不能超过 39.37 厘米，总宽度不能超过 29.21 厘米。选择球拍时要考虑重量、拍面大小、平衡感等因素。

4. 服装

网球服装多为白色，上衣以棉制有领的短袖衫为主，冬天穿羊毛质料的球衫，要符合通风吸汗的要求。下身男性多穿短裤，女性多穿短裙。鞋要选择抓地力强，质量轻巧的网球专用鞋。袜子以短厚袜最好。帽子、大毛巾、止汗腕带、发带等小配件也应备好。

## 二、网球竞赛规则与裁判方法

### 1. 发球

（1）发球前的规定。发球者在发球前应站在端线后、中点和边线的假定延长线之间的区域里，用手将球抛向空中任何方向，在球接触地面以前，用球拍击球（仅能用一只手的运动员，可用球拍将球抛起）。球拍与球接触时，就完成球的发送。

（2）发球时的规定。发球员在整个发球动作中，不得通过行走或跑动来改变原站的位置。两脚只准站在规定位置，不得触及其他区域。

（3）发球者的位置。

① 每局开始，先从右区端线后发球，得或失 1 分后，应换到左区发球。

② 发出的球应从网上越过，落到对角的对方发球区内。

（4）发球失误。发球失误包括：未击中球；发出的球，在落地前触及固定物（球网、中心带和网边白布除外）；违反发球站位的规定（图 2-47、图 2-48）。发球者第一次发球失误后，应在原发球位置进行第二次发球，如第二次发球再失误则称为双误。

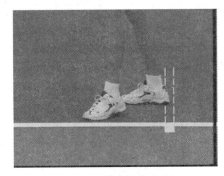

图 2-47　发球站位失误 1　　　　　　图 2-48　发球站位失误 2

（5）发球无效。发球触网后仍然落到对方发球区内或接球者未做好接球准备均应重发球。

（6）交换发球。第一局比赛终了，接球者成为发球者，发球者成为接球者。以后每局终了，均互相交换，直至比赛结束。

### 2. 通则

（1）交换场地。双方应在每盘的第 1、第 3、第 5 局等单数局结束后，以及每盘结束双方局数之和为单数时，交换场地。

（2）失分。发生下列任何一种情况，均判失分。

① 在球第二次着地前，未能还击过网。

② 还击的球触及对方场区界线以外的地面、固定物或其他物件。

③ 还击空中球失败。

④ 故意用球拍触球超过 1 次。

⑤ 运动员的身体、球拍在发球期间触及球网。

⑥ 过网击球。

⑦ 抛拍击球。

（3）压线球。落在线上的球都算界内球。

## 3．双打

（1）双打发球次序。每盘第一局开始时，由发球方决定由何人首先发球，对方则同样的在第二局开始时，决定由何人首先发球。第三局由第一局发球方的另一球员发球。第四局由第二局发球方的另一球员发球。以下各局均按此次序发球。

（2）双打接球次序。先接球的一方，应在第一局开始时，决定何人先接发球，并在这盘单数局继续先接发球。对方同样应在第一局开始时，决定何人先接发球，并在这盘双数局继续先接发球。他们的同伴应在每局中轮流接发球。

（3）双打还击。接发球后，双方应轮流由其中任何一名队员还击。如运动员在其同队队员击球后，再以球拍触球，则判对方得分。

## 4．记分方法

（1）胜一局。

① 网球比赛的每一局采用 0、15、30、40（40 是 45 的简称）、60 的记分方法。整个一局的分数为 60，均等地分为四段，每段 15 分。比赛时得一球呼报 15（胜 1 分），再得一球呼报 30（胜 2 分），得第三球时呼报 40（胜 3 分），先得 60 分（胜 4 分）者即胜了这一局。

② 双方各得 3 分（40：40）时为"平分"，平分后，一方若先得 1 分，则该运动员为"占先"。"占先"分为"接球占先"或"发球占先"。占先后再得 1 分，才算胜一局。即需要净胜 2 分为胜一局。

（2）胜一盘。

① 一方先胜 6 局为胜一盘。

② 双方各胜 5 局，一方净胜两局为胜一盘。

（3）决胜局记分制。

在每盘的局数为 6 平时，有以下两种记分制。

① 长盘制。一方净胜两局为胜一盘。

② 短盘制。只再打一局决胜负（决胜盘除外），除非赛前另有规定，一般应按以下办法执行。

- 先得 7 分者为胜该局及该盘（若分数为 6 平时，一方须净胜 2 分）。
- 首先发球员只发第一分球，对方发第二、第三分球，然后轮流发 2 分球，直至比赛结束。
- 第一分球在右区发，第二分球在左区发，第三分球在右区发。
- 每 6 分球和决胜局结束都要交换场地。

短盘制的记分：

- 第一个球（0:0），发球员 A 发 1 分球，1 分球之后换发球。
- 第二、第三个球（报 1:0 或 0:1，不报 15:0 或 0:15），由 B 发球，B 连发两分球后换发球，无从左区发球。
- 第四、第五个球（报 3:0 或 1:2，2:1，不报 40:0 或 15:30，30:15），由 A 发球，A 连发 2 分球后换发球，先从左区发球。
- 第六、第七个球（报 3:3 或 2:4，4:2 或 1:5，5:1 或 6:0，0:6），由 B 发 1 分球之后交换场地，若比赛未结束，B 继续发第七个球。
- 比分打到 5:5，6:6，7:7，8:8，…时，需连胜 2 分才能决定谁为胜方，但在记分表上则统一写为 7:6。

决胜局打完之后，双方队员交换场地。

## 三、网球场的设计要求

1. 设施设备要求

网球场设计要符合国际比赛标准。

2. 配套设施要求

（1）球场旁边要有与接待能力相应档次与数量的男、女更衣室，淋浴室和卫生间。更衣室配带锁更衣柜、挂衣钩、衣架、鞋架与长凳。

（2）淋浴室各间要互相隔离，并配有冷热双温水喷头、浴帘。卫生间要配隔离式坐式大便器、挂斗式便池、洗盥台、大镜及固定式吹风机等卫生设备。

（3）球场周围要设有看台。

（4）球场内要设饮水区。

（5）各种配套设施材料的选择和装修，应与网球场设施设备相适应。配套设施设备完好率不低于 98%。

### 3．环境质量要求

（1）网球场门口要设营业时间、客人须知、价目表等标志牌、导标牌。

（2）标志牌、导标牌设置要齐全，设计美观，安装位置适当，并应中英文对照、字迹清楚。

（3）球场内地面要整洁，无杂物。

（4）整个球场环境要美观、舒适、大方。

### 4．卫生标准要求

（1）网球场卫生要每日整理，随时清洁。球场平整无尘土。

（2）地面要洁净，无废纸、杂物和卫生死角。所有用品及用具摆放整齐、规范。

## 四、网球场的服务程序

### 1．营业前

（1）上岗前做自我检查，做到仪容仪表端庄、整洁，符合要求。

（2）开窗或打开换气扇通风，清洁室内环境及设备。

（3）检查并消毒酒吧器具和其他客用品，发现破损及时更新。

（4）补齐各类营业用品和服务用品，整理好营业所需的桌椅。

（5）查阅值班日志，了解宾客预订情况和其他需要继续完成的工作。

（6）最后检查一次服务工作准备情况，处于规定工作位置，做好迎客准备。

### 2．迎宾

（1）服务员面带微笑，热情主动礼貌问候客人，并请客人在场地使用登记表上签字。

（2）询问顾客有无预订服务。

### 3．场内服务

（1）帮助客人办好活动手续，并提醒客人换好网球服和网球鞋。

（2）客人换好球服、球鞋后，引领客人到选定球场。

（3）客人打球时，服务员要端正站立一旁，为客人提供捡球服务。

（4）如客人要求陪打时，服务员要认真提供陪打服务，视客人球技控制输赢，以提高客人打球兴趣。

（5）客人休息时，服务员要根据客人需要及时提供饮料、面巾等服务。

（6）客人打球结束，服务员主动征询客人意见，如客人需要淋浴，则将客人引领到淋浴室并为客人准备好毛巾和拖鞋。

（7）当客人示意结账时，服务员要主动上前将账单递送给客人。

（8）如客人要求挂账，服务员要请客人出示房卡并与前台收银处联系，待确认后要请客人签字并认真核对客人笔迹，如未获前台收银处同意或认定笔迹不一致，则请客人以现金结付。

（9）客人离别时要主动提醒客人不要忘记随身物品，并帮助客人穿戴好衣帽。

4. 送别客人

（1）服务员将客人送至门口，向客人道别，欢迎顾客下次再来。

（2）迅速整理好场地，准备迎接下一批客人的到来。

## 补充提高

### 网球场宾客须知

（1）打球的客人要先到服务台办理手续，住店客人须登记酒店客房号码，非住店客人交××元人民币作为押金。

（2）租用网球场最少计价时间为半小时，自办妥手续后开始计时。如需延时，请在打球结束前与现场服务员协商。

（3）运动前先到更衣室换鞋和服装，注意不要将贵重物品存放在更衣柜内，打球时务必穿运动服和运动鞋。贵重物品随身携带保管。

（4）妥善保管好更衣柜的钥匙，如因钥匙丢失造成存放物品丢失，将由个人负责，同时应缴纳××元人民币作为钥匙丢失赔偿金。

（5）凡患有高血压、心脏病等不适合剧烈运动的宾客谢绝租用网球场。

（6）客人可自带球拍和球，也可租用本场所的球和球拍。为安全起见，请勿在球场内吸烟。请勿在运动中吃东西、嚼口香糖。

# 第四节　高尔夫球服务

## 学习目标

★了解高尔夫球场的标准，场地的各种设备的使用，各种球杆的功能。

★熟练掌握高尔夫球服务的基本步骤，提供标准服务。

★具备一定的高尔夫球知识，能向客人介绍高尔夫运动的比赛方法和规则，据客人需求指导客人正确使用运动器械，为客人提供专业化的球场服务。

 **技能目标**

★能演示高尔夫球场服务程序与要求。

 **相关知识**

高尔夫球是一项球员在球场以球杆击球入穴的运动，起源于 15 世纪的苏格兰，早期为当地牧羊人消磨时光的游戏，相传当时牧羊人放牧闲暇时，用木板玩游戏，将石子击入兔子窝或洞穴中，久而久之形成了使用不同的球杆并按一定规则击球的玩法。苏格兰地区冬季非常寒冷，每次出去打球时，每人总爱带一瓶烈酒放在后口袋中，每次发球前先喝一小瓶盖酒。一瓶酒 18 盎司，而一瓶盖正好 1 盎司。打完 18 个洞，酒也喝完了，也该回去了。时间长了，很多人便认为打一场球必须打 18 个洞。17 世纪高尔夫球被欧洲人带到了美洲，19 世纪 20 年代又传入亚洲。直到 1896 年才在上海成立了我国首家高尔夫球俱乐部，但当时该项运动在中国的开展只局限在极少数的特殊阶层人士中，1984 年，新中国第一家高尔夫球场——中山温泉高尔夫球会所开业。1985 年 5 月北京成立了中国高尔夫球协会。2003 年，中国高尔夫球场达 200 余个，消费人群超过 100 万人次。截至 2007 年年底，全国已建、在建、拟建共 360 个球场，会员超过 50 万人，全国除青海、西藏、山西、甘肃、宁夏 5 个省外均建有高尔夫球场。随着新修建高尔夫球场越来越多并陆续组织了一些重大比赛，该项运动才得以开始在中国普及，为中国普通百姓所注意。目前世界级的高尔夫球赛事主要有：美国公开赛、业余赛，英国公开赛、业余赛，职业高尔夫球协会锦标赛以及世界杯赛，等等。

高尔夫（golf）是由绿色（green）、氧气（oxygen）、阳光（light）和步履（foot）的英文第一个字母缩写而成，可以看出高尔夫球运动是一项极为休闲、文明、优雅、浪漫、健康的运动。在运动中，人们置身明媚的阳光中，脚踏青翠草地，在大自然中呼吸新鲜空气，边散步、边打球，在轻松的氛围中尽享悠闲人生。这正是该项运动的魅力所在。从事高尔夫球运动，不仅可以陶冶性情，还可以增强上下肢力量和腰腹力量，提高协调性，锻炼人的毅力、耐心、意志品质以及良好的心理素质。运动过程中又特别适合球员之间的切磋和交流，兼有运动和交际的双重性。此外，由于该项运动有自己给自己当裁判的特点，故该项运动还可以培养球员光明磊落、实事求是的精神。只要置身其中，相信你会被它的魅力所吸引，成为该项运动的忠实爱好者。

高尔夫球虽然是一项高雅的、深受人们喜爱的绅士运动。但由于高尔夫球场占地面积大，地面质量要求高，打球的器械种类、质量要求严格，服务需求多、档次高，因此投资巨大，消费也很昂贵，被称为"贵族运动"。

## 一、高尔夫球的运动场地、器材与用具

### 1.场地

（1）标准的高尔夫球场（乡村高尔夫）如图 2-49 所示。

乡村高尔夫球场是将草地、湖泊、沙地和树木这些自然景物融为一体，经球场设计者的再创造，展现在人们面前的艺术品：一个标准的高尔夫球场长 5 943.6～6 400.8 米，占地面积约 60.4 公顷，宽度不限，整个球场呈不规则状，球场内有丘陵，有平整的草地，有沙地，还有湖泊或水塘。球场内有若干洞穴，洞穴的数量为 9 洞到 54 洞不等，一般设为 18 洞。1～9 号为前 9 洞，10～18 号为后 9 洞。

高尔夫球的 18 洞洞穴设置距离不同，因此有长、中、短三种球道之分。长球道：男子距离在 471 码（431 米）（1 码＝0.914 4 米，全书同）以上，女子距离为 401～575 码（376 米以外），标准杆为 5 杆；中球道：男子距离在 250～470 码（430 米），女子距离为 211～400 码（336 米以内），标准杆为 4 杆；短球道：男子距离在 250 码以内（229 米），女子距离在 200 码（192 米）以内，标准杆为 3 杆。前 9 洞和后 9 洞分别设长、短球道各 2 个，中球道 5 个，18 个洞的标准杆共计为 72 杆。

图 2-49　乡村高尔夫球场

每一洞的场地均由开球区、球道和球洞区三部分组成。以开球区为起点，中间为球道，果岭上以洞穴为终点。

① 开球区。开球区是指发球时所使用的光滑、平整的草坪。约有100平方米。开球区上设有两个球状标记，相距5码左右。发球线是标记之间的直线，每一个开球区有三组远近不一的标记，作为发球线。最前面的红色标记（图2-50）为业余女子选用；中间的白色标记（图2-51）为业余男子和高水平女选手选用；最远的蓝色标记（图2-52）为高水平男选手选用。

图 2-50　红色发球标记　　　　　　　　图 2-51　白色发球标记

② 球道。是指开球区与击球洞之间的区域，是通往果岭的最佳路线。落在球道上的球，易被击起。球道两侧为深草、草丛和树林组成的粗糙地带。

③ 障碍区（图2-53、图2-54）。是指球场中的沙坑、水塘、小溪等击球非常困难的区域。

图 2-52　蓝色发球标记

图 2-53　水障碍　　　　　　　　　　　图 2-54　沙坑障碍

④ 果岭（图 2-55）。是指修整得很好的设置球洞的短草草坪。

⑤ 球洞（图 2-56）。为埋入地下、供球落入的杯，杯的直径为 10.8 厘米，深 10.2 厘米。杯的上沿低于地面约 2.5 厘米。

⑥ 旗杆（图 2-56）。是指设置在球洞中心的带旗帜、可移动的杆。旗上标有洞序号码，能为远离果岭的选手指明方位。当在果岭向球洞击球时，旗杆可临时拔去。通常 1～9 号洞插黄色旗，10～18 号洞插红色旗。

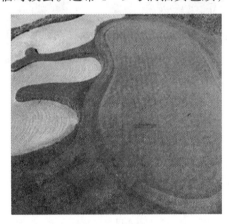

图 2-55　果岭　　　　　　　　　　　图 2-56　球洞和旗杆

（2）乡村高尔夫球练习场（图 2-57）。这种场所是为练习打高尔夫而设置的，因为其场地比正规高尔夫球场小得多，一般长宽有 100 米×200 米就可以了，占地面积约 2 公顷。由于其面积只有正规球场的几十分之一，可以建在离城市很近的饭店附近，以免去运动者的路途辛劳，因而颇受欢迎。这种练习场主要用于开球练习和"果岭"区的推杆练习。练习时所用的球杆和球都与乡村高尔夫球场用品无异，但所需的球杆种类较少，主要有开球杆、拨推杆及较少种类的击球杆。

（3）室内模拟高尔夫球场（图 2-58）。因高尔夫球运动需要占用大量的土地资源，并且受气候等多方面因素的限制，所以逐渐出现了室内电子模拟高尔夫球。其占地仅十几平方米。模拟室内配有平台打球区、耐撞击大屏幕、挥杆分析器、投影机、投射灯、球洞、主机、球座、分析板等。计算机内储存了几十家国际知名的高尔夫球场的场景，可供击球者选择。按动键盘上的按钮后，屏幕上逼真地显示出高尔夫球场的场景，有球道、水障碍、草地、沙丘、果岭和 18 个球洞等。练习者利用真实的杆及高尔夫球朝屏幕击球，每打完一球，有三道感应器可立刻测量出练习者击球的力度、角度和距离，计算机立刻根据这些数据在屏幕上显示出球的飞行滚动过程，并可听到真实的击球、飞行、落地、落水等逼真声音。之后，计算机显示得分，并做出对此杆的分析，帮助练习者找到最佳的打球路线。电子球童同时可以用各种语言报告这些情况。若练习者时间不够无法打完一场，计算机可保留成绩供练习者下次再打。

图 2-57　高尔夫练习场　　　　图 2-58　室内模拟高尔夫球场

（4）城市高尔夫球场。也被人们称为微型高尔夫或迷你高尔夫。其占地面积在 400～4 000 平方米不等，它是用木材或水泥等材料制作出各种不同障碍的球道及洞穴，从 9 洞到 26 洞的都有，通常选择设置为 18 球洞的国际标准形式。饭店可根据自身特点因地制宜，利用院区、园林内、楼顶（图 2-59）等来建造球场。

城市高尔夫的器械与乡村高尔夫是有区别的：它的球是直径为 4 厘米的实心橡皮球，球的外面不包赛璐珞外皮；由于面积小，只适合推杆技法的练习，因此只有推击杆而没有挥击杆，并且球杆的长度也比乡村高尔夫球杆短许多，从 74～90 厘米不等，不同身高的人可以使用不同长度的球杆。城市高尔夫运动趣味性很强，运动量较小，是一种老幼咸宜的休闲运动项目。

（5）木杆高尔夫球场。木杆高尔夫是出现在日本的一项休闲球类运动项目。其球杆完全用木料制成（乡村高尔夫的球杆主要用金属制成），故名木杆高尔夫。其球杆的杆柄较短，与城市高尔夫球杆的长度差不多，它的杆头也是木制的，形状像个汽水瓶，横向装在杆柄上，整个球杆与门球的球杆相似。木杆高尔夫的球为木质实心，直径约 7 厘米。其运动方法与门球接近，但运动规则与乡村高尔夫的规则差不多，以较少的击球次数进完所有的球洞者为优胜者。

图 2-59　楼顶高尔夫

### 2．器材与用具

（1）球杆。球杆是用木材或塑料与金属组合制成，长度从 0.91～1.29 米不等。高尔夫球的球杆一般分为三种：木杆、铁杆、拨推杆。球杆包括杆头、杆茎、杆把三个部分。通常击球的部位叫杆头，手提部位称杆把，连接杆头、杆把的部位称为杆茎。

杆头击球面与地面垂线之间的倾斜角称为杆头角。每根球杆的杆头角都不一样，杆的号码越大，杆头角也就越大，球被击得越高。球杆越长，杆头角越小，击出的球就越远。但拨推杆却不一样，拨推杆是专门用来拨球滚入球洞的，它几乎没有杆头角。在比赛时，每个运动员需配备 14 根各种用途的球杆，包括木杆 4 支、铁杆 9 支，以及一支铁头的推杆，根据击远、击近、击高的不同需要分别使用各种不同的球杆。

① 木杆（图 2-60）。木杆的杆头由优质塑料或轻金属制成，杆头从前至后的宽度很大，用来击打远距离球。木杆按长度分为 1、2、3、4、5 号，杆头角分别为 1 号 11°、2 号 14°、3 号 17°、4 号 20°、5 号 23°。由于 1 号木杆最长，杆头角最小，击球最有力，通常被所有选手用来开球，所以又叫开球杆。

② 铁杆（图 2-61）。铁杆主要用来在球道上击球。杆长要比木杆短，按长

度分为1～9号，1号、2号、3号铁杆称为长铁杆，杆长且重，击球距离较远，不容易掌握；4号、5号、6号铁杆称中铁杆，击出的球比较高，落地后还能滚出一段距离；7号、8号、9号铁杆称为短铁杆，经常在近距离和击球较困难的球位或深草中使用。9号铁杆的杆头角最大，击出的球很高，会产生较大力量的倒旋，落地后滚动较小。

图 2-60　木杆

图 2-61　铁杆

③ 拨推杆。拨推杆（图 2-62）是指在果岭上专用的球杆。拨推杆几乎没有杆头角，最适宜在果岭上拨推球入洞。

（2）球。高尔夫球（图 2-63）是一个质地坚硬、具有弹性的、树胶覆盖的实心小白球。一般有两种类型：一是凹球，这种球质地较软而且耐磨，职业球员一般选用这种球。二是固胶球，表层为硬塑的固体橡胶，非常耐用，是初学者的理想用球。

图 2-62　拨推杆

图 2-63　高尔夫球

高尔夫球的直径为 4.11～4.26 厘米，重量为 45.93 克，标准球速为 75 米/秒。

（3）服装。

① 衣服。高尔夫球运动要求运动员着装讲究、风度翩翩，能与周围美好的自然环境相匹配。男士在打球时，一般穿"V"领毛线背心，里衬短袖有领 T 恤，下配合身便装裤，裤形宽松，不紧绷。女士的上衣装扮与男士相近，下可穿短裙，雨天可穿特制的雨衣。

② 鞋。高尔夫球球鞋是由皮革制成，鞋底带有粗短钉或具有较大摩擦力的平底鞋。

③ 手套。为了更舒适地握紧杆柄、避免磨手、更好地挥杆击球以及防滑和防寒，在打高尔夫球时，运动员一定要戴手套。

（4）用具。

① 球座。球座（图 2-64）是用来在发球区上发球时插入地面作为托架球用的。一般为木质或塑料锥状，球座上部为凹面的圆顶。开球时需将球放在球座顶端，以便准确挥杆击球。打一场高尔夫球需准备几个球座。

② 标记钉。高尔夫球规则规定，当球打上果岭后，可以把球拿起来擦拭。为了记住球的位置，在拿起球前，需要在球的后面做标记。

③ 修钗。修钗是修理果岭的工具。当发现由高处落下的球在果岭上砸出一个小坑或者由于外界的影响使果岭出现裂痕以及穿钉鞋不小心划坏了果岭等，应立即主动地用修钗进行修理。

④ 球杆袋。球杆袋也叫球包，是装球杆的袋子。除放球杆外，还可以放杯、球鞋、雨伞、毛巾等用品。

⑤ 推车。推车是用于推球杆袋的车子。

⑥ 球道车。球道车（图 2-65）用来运送球杆袋和人的电瓶车。可以由运动员自己驾车，也可以由球童驾驶。

图 2-64　球座

图 2-65　球道车

⑦ 沙袋和沙子。在发球区或球道上，挥杆打起草皮是正常的。当打起草皮

后，要把草拿回，放上一些沙子，用脚踏一踏，这样才利于草的再生长。因此，打高尔夫球必须备有沙袋，并且装上足够用的沙子。

## 二、高尔夫球竞赛的主要形式

### 1．比洞赛

比洞赛是以较少的杆数打完一洞的一方为该洞的胜者，以每洞决定比赛的胜负。

### 2．比杆赛

以最少的杆数打完规定一轮或数轮的比赛者为胜者。国际大赛和全国比赛均采用比杆赛。

## 三、高尔夫球比赛规则简介

比赛规则是由高尔夫球协会和每次竞赛的组织者制定的。事实上，比赛规则在竞赛中主要还是由竞赛者自己来执行。也就是参赛者要以公正的比赛精神为基础，自觉遵守规则，自己给自己当裁判。

### 1．礼仪规范

（1）挥杆和打球时都要注意安全，防止人身事故发生。
（2）不影响别人打球，不拖延时间。
（3）进行得太慢的组，让后面一组超越。
（4）在打完一杆后，应认真地修复场地。

### 2．发球台规则

（1）迟到：迟到 5 分钟以内，要加罚两杆。
（2）击球顺序：按竞赛组织委员会规定的顺序，也可抽签、猜拳或按年龄大小决定由谁先发球。
（3）提问：有关场地情况可向同伴提问。
（4）击球：正式挥杆没打到球，应算一杆。球从球座上落下，在原位打球算第二杆，球重新放回球座上，就算第三杆。
（5）球出界：第一次打的球出界了，可以待大家都打完之后补打，但算为第三杆。
（6）发球置球：发球时球必须放在发球区的球座上。

　3．球道规则

（1）击球顺序：应由距离球洞较远的人先打球。

（2）错打：错打了别人的球，要被罚两杆。

（3）换球：球坏了，可以向同伴说明换球，没有说明换球，要罚一杆；偷偷摸摸换球，则罚两杆。

（4）重选球位：球打到没办法打的地方，可以向同伴说明罚一杆。把球拿出，在远离球洞的地方，在以两杆为半径的范围内抛球。

（5）找球：为了确认自己的球，触及场地障碍物，并移动了球，罚一杆。5分钟内找不到球，则视为球遗失，重新回到原位去打球，并加罚一杆。

（6）其他：打球或空挥时折断树枝，要罚两杆。球打在自己的推车或球袋上，罚两杆。击球时，若连击，算两杆。

　4．障碍区规则

（1）击沙坑球：在沙坑中，准备打球时，球杆碰到了沙子要罚两杆。

（2）击进入水域障碍区球：球进入水域障碍区，要罚一杆，然后在入水切点的水域障碍区外面抛球。如果坚持水中击球，不罚杆。

　5．球洞区（果岭）规则

（1）擦球。球打上球洞区，可以擦球，但必须做好球位标记，没有做标记，要罚一杆。

（2）击球顺序：谁的球离洞远谁先打球。

（3）妨碍。妨碍别人打球的球，可以拿起但应做标记。推击线上有树叶可以拿走，但在推击线上有钉鞋的印痕，不能去整理。别人推击的球还在动时，就做动作打自己的球，罚两杆。

（4）入洞。正式比杆赛中，每一洞都必须击球入洞，否则即失去参赛资格。

（5）触及别人的球。打球上果岭时，碰到果岭上别人的球，要把被碰到的球放回原位。

## 四、高尔夫球场的服务程序

　1．营业前

（1）服务生提前到岗打扫卫生。包括模拟高尔夫人造草皮的吸尘，擦拭座椅、茶几，将发球垫摆放整齐，清洗烟灰缸，打开太阳伞，将球、手套、球鞋等用品摆放整齐以及整理好服务台。

（2）备好各种营业用品及服务用品，并检查各种客用物品是否完好无损，发现有损坏现象应及时报修。

（3）由主管分配当天任务、传达上级指令及讲解各种注意事项。

（4）整理好服装，做好迎客准备。

2. 营业中

（1）服务生服务标准。

① 礼貌迎客，主动问好，面带微笑，问清是否有预订，运用准确、规范的服务语言请客人到登记处登记。

② 准确记录客人姓名、房号（住店客人应登记房号）、运动时间。

③ 提醒客人换好专用球鞋。将客人的球具和其他设备清点并装车，给客人安排好场地。

④ 将客人带入发球区，根据客人要求安排在红、蓝、白不同的发球区进行发球。

⑤ 介绍洞的码数并指导客人合理选择球杆。

⑥ 如果客人需要陪打员或教练，应做出相应安排。

⑦ 客人打高尔夫球期间，视需要及时提供客人要求的各种服务。客人休息时需要饮料、小吃，主动及时询问需求，做好记录，并迅速提供服务。

⑧ 不断检查各种客用品是否损坏，及时解决设备问题。客人不适或发生意外，能够及时采取急救措施。

⑨ 到结束时服务员应礼貌地征求客人意见，是否需延长使用场地的时间，如客人结束运动，最后检查有无遗失物品，客人是否退还租用球杆及其他用品等。

⑩ 客人离开，应主动告别，并欢迎再次光临。

（2）陪练服务标准。

① 高尔夫球场设专门陪练员或教练员。

② 客人要求陪练、教练服务，应热情提供。

③ 陪练员或教练员技术熟练，示范动作规范、标准。

④ 掌握客人心理和陪练输赢分寸，能够提高客人兴趣。

⑤ 球场组织比赛，预先制定接待方案，球场秩序良好。

3. 营业后

（1）填写服务记录。

（2）负责清场工作。整理球场，擦拭用具，将用具摆放整齐。

（3）切断所有电器电源，将门窗关好。

## 补充提高

### 高尔夫常见术语

（1）球员击球入洞的杆数与标准杆数相同称为"帕"（par）。

（2）击球杆数低于标准杆数 1 杆的球称为"小鸟球"（birdie）。

（3）低于标准杆数 2 杆的称为"老鹰球"（eagle）。

（4）击球杆数比标准杆数多一杆的称为"补给"（bogey）。

### 球　童

球童是高尔夫球场内从事为球员和打球客人提供球场指南、挑选球杆、查看球洞区、给予技术帮助的球场技术人员。国际上的职业球童是独立签约人。当球手的奖金不到 1 万美元时，球童可以得到 5%分红；当球手的奖金超过 1 万美元时，球童通常可以得到 7%或更高的分红。在我国，球童的年收入从 2 万元到 10 万元不等。

# 第五节　壁　球　服　务

 ## 学习目标

★ 了解壁球场地设施和规格。

★ 掌握壁球运动的规则和记分方法。

★ 熟练掌握壁球服务的基本步骤。

★ 具备一定的运动水平，能够为客人提供陪练、指导、裁判服务。

 ## 技能目标

★ 能演示壁球场服务程序与要求。

 ## 相关知识

与其他球类运动相比，壁球算是一项比较新的运动。壁球是一项在用墙壁

围起的场地内，按照一定规则，用拍子互相击打对手击在墙壁上的反弹球的体育运动。

　　壁球起源于英国，由网球及室内手击球运动演变而来，因此又称壁式网球。18 世纪先后传到美国、加拿大，后来又传到埃及、印度、巴基斯坦、澳大利亚、新西兰等国家。近些年来，壁球开始风行于亚洲的一些国家和地区。

　　经常从事壁球运动可以发展人体的灵活性与协调性，提高人的反应能力与判断能力，改善人体各系统的功能，起到增进健康、抗病防衰、调节精神的作用。同时还能陶冶情操、培养顽强的意志品质，且有老少皆宜、自娱自乐、不受季节影响的特性，因此很受各国人民的喜爱。

　　如今，在中国一些高档宾馆或娱乐中心都有壁球场地。壁球在中国也开始被认可。随着人们生活水平的提高，参加壁球运动的人将越来越多。

## 一、壁球的基本设施设备

　　1. 场地（图 2-66）

　　壁球场类似一个矩形的盒子。壁球场地的墙面与地面成 90°角。单打场地长 9.75 米、宽 6.4 米、高 4.57 米。双打场地比单打场地要大些，其长 13.72 米、宽 7.62 米、高 6.1 米。前墙发球线离地 1.83 米；前墙界外线离地 4.57 米；前墙底界线离地 0.48 米；后墙界外线离地 2.13 米，如图 2-67 所示。壁球场地四周墙壁必须在墙的表面刷涂 5 毫米厚的聚氯丁纤维树脂，确保墙面平滑，无气孔，并涂两层白色保护性树脂乳剂。地面要求以枫木铺设，确保平直、光滑。

图 2-66　壁球场地

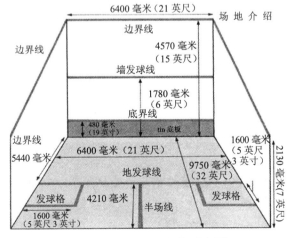

图 2-67　壁球场地规格示意图

现在大多数的壁球场地都采用"透明"材料，以便观众观看选手的比赛。而在过去，人们只能通过"听"的方式来了解比赛进程（由裁判报告比赛情况）。但壁球比赛不允许选手向外看。

2. 壁球

壁球（图 2-68）是用纯橡胶或合成橡胶制成。壁球直径一般为 3.95～4.15 厘米，重量为 23.3～24.6 克，球的弹性有四种，分别用蓝、红、白、黄四种颜色的小圆点标明，蓝点球弹性最强，红点适中，白点较低，黄点最低。从壁球的颜色上就能看出选手的层次。一般初学者使用蓝点球，这种球飞行速度最快。正式比赛用的球都是黄点球，这种球的飞行速度最慢。

3. 球拍

壁球用的球拍（图 2-69）是用石墨制成的，用线将石墨材料织成双层的方形图案。如果线被损坏，可以将它取出，用尼龙材料代替。

壁球的球拍类似网球的球拍，但前者的球拍头稍小、更圆。壁球球拍的球柄比较长，球拍总长 90 厘米，球拍柄长 68.5 厘米。球拍头与球杆的连接处通常是被挖空的，以减少振动。球拍的重量不超过 255 克。

图 2-68 壁球

图 2-69 壁球拍

4. 防护镜

防护镜是参加壁球运动必须佩戴的防护用具。主要预防运动员被球或球拍击伤眼睛，在壁球比赛中，球的飞行速度可达每小时 150 英里（1 英里=1.609 3 千米），而且双方都在一个狭小的房间中大力挥拍，若不戴防护镜很容易伤到眼睛。防护镜是特制的专用眼镜，可抗住球及球拍的冲击力。运动员切不可随意找别的什么眼镜代替，如果运动员近视必须戴自己的眼镜才能参加比赛时，要戴上专为戴眼镜的人制造的外罩型防护镜。

5. 服装

壁球比赛要求运动员穿浅色衬衫与短裤，女选手要穿短裙。为了保护选手的足部，比赛时也要穿着专门的球鞋。

6. 其他用具

参加壁球运动还要有手套、护头带、护腕等防护用具，这些用具都为参加壁球运动提供安全保障。

## 二、壁球的比赛规则

### 1. 比赛形式

壁球比赛可有2～4人参加。两人为单打比赛；四人为双打比赛。

### 2. 发球权

壁球比赛第一局的发球权不是通过掷硬币的方法来决定，而是用转动球拍的方法来决定。在球拍手柄的尾部一般都有生产厂家的标志，球员事先选择好标志的正反向，当球拍转动稳定后，是哪方选中标记，哪方球员就先发球。第一局的发球方可以任意指定发球区。

由第二局开始起，每局均由上一局的获胜方先发球。

### 3. 比赛中的发球方和发球区规定

第一局发球权决定后，发球方可一直发球直到打失一球为止，此时轮换发球权。当出现换发球时，发球方有权选择发球区发球，在胜出该球后须转换到另一发球区继续发球。如此直到整场比赛结束。

### 4. 开始发球

发球时，发球员必须至少有一只脚站在发球区内，球与脚均不能越线，但脚允许一部分在线上悬空。在球飞过发球线以前，不得跨出发球区。发球员必须等裁判员宣布分数或"第二次发球"后才可开始发球。

### 5. 合法发球

发球时，球员在击球前必须用手或球拍将球抛出或掷出，球被发出后，在触及前墙的发球线与界外线之间的部分之前，不能先触及其他墙壁、地板、天花板或从天花板上垂下的任何物体，当球触及前墙而反弹回来时，除被凌空截击外，应落在接球方的后 1/4 区域内。若球被球员抛出或掷出后，发球员未做到任何击球尝试，则可重新再发。

### 6. 发球动作

发球动作始于发球员将球掷于地上并在其反弹两次之前将球击出，动作必须连贯。球被击出后，应首先打到前壁，再直接或通过一侧壁落到后发球线后地板上，不得触及后发球线。

### 7. 得分或失掉发球权

每当一方发球并赢得该回合，该方即得 1 分。若发球方输掉这一回合，则失掉发球权，对方不得分。

### 8. 场局决胜局

壁球比赛用三局两胜制。15 分为一局，先胜两局者赢得这场比赛。若双方打成一比一，则要打决胜局。决胜局打 11 分。

## 三、壁球场的服务程序

### 1. 营业前

（1）穿好工服，佩戴胸卡，整理好自己的仪容仪表，提前到岗，向领班报到，参加班前会，接受领班检查及任务分派。

（2）完成责任区域内的清洁卫生工作，包括清洁壁球室服务区域，地面吸尘，服务台擦拭干净，清理垃圾桶，供客人租用的壁球、壁球拍、服装、壁球鞋等用品准备齐全、摆放整齐。

（3）检查场地设施设备是否完好，如果发现问题设法修理或报工程部门。

（4）将各种记录表格、记分表、笔及各种必需的营业和服务用品整齐配备，并放置到规定位置。

### 2. 营业中

（1）面带微笑，主动问候客人。

（2）询问客人是否预订，并向客人介绍壁球室设施、收费标准等。

（3）如有预订，则应在确定预订内容后，办理登记、开单、收取押金等手续。对无预订的客人，为客人进行登记，开记录单，注明起止时间和场地编号。请客人在场地使用登记表上签字。对客人收取押金，发放更衣柜钥匙等。对于住店客人，请其出示房卡或房间钥匙，并准确记录客人的姓名和房号。若场地已满，应安排其按顺序等候，并告知大约等候的时间，为客人提供茶水和书报杂志等。

（4）打开壁球室照明灯，协助客人挑选球拍。

（5）密切注视客人打球的情况，定时巡视场地，随时准备为客人提供服务。

（6）如果客人是初学者，要认真、耐心和细致地向客人讲解壁球运动规则并做示范。

（7）如果客人需要陪打服务时，陪打员应认真服务，并根据客人的心理掌握输赢尺度。

（8）在运动间隙，服务员要适时询问客人需要何种饮料，并做好饮料、毛巾服务工作。

（9）保持茶几、座椅和地面的整洁，客人的饮料剩余 1/3 时应及时添加，烟灰缸内烟蒂数不能超过 3 个。

（10）保持洗手间、淋浴间的整洁。

（11）客人原定运动时间即将结束时，在场地空闲的情况下应及时询问客人是否需要续时。

（12）客人消费结束时，服务员应检查客用设备是否完好，提醒客人带好随身物品，并帮助客人收拾和提拿球具、球鞋，收回客人租借的球和球拍。协助客人到收银台结账。

（13）如果客人要求挂单，收银员要请客人出示房卡并与前台收银处联系，待确认后请客人签字并认真核对客人的笔迹，如果未获前台收银处同意或认定笔迹不一致，则请客人以现金结付。

3．营业后

（1）礼貌地向客人道别，并欢迎客人下次光临。

（2）对场地进行彻底清理，将卫生状况恢复至营业的要求，准备迎接下一批客人的到来。

（3）按规定对客人租用的球鞋、球具进行清洁，修理损坏的发球架和球具等。

# 第六节　健身房服务

 学习目标

★ 掌握各种健身设备的性能、作用和使用方法。

★ 熟练掌握健身房的服务工作内容、服务程序。
★ 具备熟练操作各种健身器械，能够指导客人正确使用健身设备，并具备为客人科学健身提供指导和建议的能力。

## 技能目标

★ 能演示健身服务程序和要求。
★ 能提供健身指导服务。

## 相关知识

健身房（图 2-70）是为人们从事健美、健心和健智等一系列活动提供服务的场所，由各种现代组合健身器械和单一健身器械组成。客人通过健身运动能达到强身健体、美化体形形态、平衡身心。适当持续的健身还有利于提高人体的适应能力，使人们在正常的学习、工作生活中，可应对自如，减少疲倦感。即使在生存中遭遇困难和险境也会有较强的体力、勇气、灵敏性和速度去解决和克服，从而成为胜利者。

图 2-70　健身房

健身房能够控制气候、保护人身安全、营造锻炼的氛围、提供舒适方便与卫生的环境，使人们在有限的空间里就可以得到如户外体育运动的同样效果。健身房作为一个行业，在欧美等发达国家早已普及。但在我国，健身房行业还是一个朝阳产业，不论是饭店健身房还是私营健身房，与我国人口相比差距非常之大，远不能适应社会发展的需要和满足全民健身活动的需求，随着我国社会经济的全面发展与腾飞，再加上人民生活水平的不断提高，我国健身房行业必成为方兴未艾的健康产业。

## 一、健身房的功能分区

（1）更衣区。一般设在入口附近，面积为 3～5 平方米。

（2）伸展区。在健身房入口处附近，以便顾客做健身前的热身舒展活动。墙身可装嵌 1 米高的镜子，用于自我欣赏。伸展区面积为 3～5 平方米。

（3）心肺功能区。心肺功能训练健身项目既可以提高人的心肺功能，又可以锻炼肌肉，还可以增强人的神经系统的敏捷性，同时还可以使人身心舒畅，保持好心情。一般配置有自行车、跑步器、台阶器、划船器等。

（4）体能训练区。这一区域的设备主要帮助训练者减少脂肪，增强肌肉力量，使身体更加健美。包括手臂推举机、屈腿重力机、仰卧起坐器、蝴蝶机、胸颈推举机、腰部旋转机、肩背训练机、举重机、仰卧起坐机、胸肌练习器、引体向上机等。

（5）体能测试中心。一个标准的健身中心，必须拥有一个完整的体能测试中心，以便客人在运动训练前能对自己的体能、体质、体形的状况有所了解，从而更有效地制定相应的运动训练计划，且可避免不必要的伤害。

（6）健美体操房。也称有氧韵律室，各种徒手健美操又称有氧操。通过各种身体动作的编排、一定的训练强度，使呼吸、心跳加快，血流加速，血氧浓度提高，以满足全身肌肉对氧气的需求，达到消耗身体中的多余脂肪、提高心肺功能、增强肌肉的柔韧性、改善体形的功效。健美运动包括有氧舞蹈、地板运动、伸展运动、韵律操等。

## 二、健身房的设施设备

### 1. 健身器械

图 2-71　跑步机

健身器械名目繁多，功能各不相同，下面主要介绍几种常见项目。

（1）跑步机（图 2-71）。美国运动医学专家对力量训练器的测定发现，它们对增强肌肉固然有显著效果，但对心血管系统却没有什么锻炼价值。因为心血管系统功能需要提高心搏频率和吸氧量的运动来增强，而力量训练器的锻炼提高不了吸氧量。运动医学专家还发现，进行 20 分钟力量训练后，心率增加到运动医学确定的指数，但吸氧量远远低于确定的水平。此外，要消耗 0.5 千克脂肪，男于必须进行 8 小时 30 分钟练习，女子必须进行 13 小时练习。若以 1.609公里/9 分钟速度跑步，男子只要 3 小时，女子只要 5 小时就能消耗 0.5 千克脂肪。力量训练的减肥效果仅与每小时步行 4～5 英里速度相当。为此，跑步机便应运而生。

①　跑步机的使用。首先应进行 5～10 分钟热身锻炼（舒展、步行、缓步跑）。初学者为 15～20 分钟的运动量，每个循环历时 3 分钟；中级健身者为 20～35分钟的运动量，每个循环历时 5 分钟。如要加强运动量，应提高 2 级斜度。第一阶段目的是为了燃烧脂肪，第二阶段的目的是为了锻炼心肺。

②　跑步机的类型。a.单功能跑步机。b.电动跑步机。电动跑步机是高质量的有氧训练器械，它可以任意调节跑动速度，为了达到不断增强训练强度的要求，可自动调节坡度。通过电脑程序控制器可以测定心率、训练时间、行程距离，消耗热能量等。

（2）健身车（图 2-72）。

①　健身车骑法。健身车具有自行车不可比拟的优点，可自由控制骑行速度，可通过健身车上的电子表观察每时每刻的速度、时间、心率值等。健身车对上岁数的人和女性还有很强的安全感。

骑健身车几乎不需要任何技术，由于锻炼目的的不同，骑行的方法也不同：

a.有氧运动骑行法：骑健身车是一种很好的有氧运动项目，不仅能健身，而且还有较强的辅助医疗作用。健身者可达到防止肥胖和减肥的目的。您可选择

图 2-72　健身车

不同的骑行方法以达到提高心血管功能等目的。具体练法如下。

自由骑行：每天骑行时间不低于 30 分钟，速度可控制在不让呼吸节奏有明显变化为宜。

间歇骑行：先热身骑行 5 分钟，休息 2 分钟；以 60% 的强度骑行 5 分钟，休息 3 分钟；以 80% 的强度骑行 3～5 分钟，休息 5 分钟；以 50% 的强度骑行 5～10 分钟，加深呼吸，缓解疲劳。

b.强度骑行法：这是男性比较喜欢的一种健身方法，可在提高心肺功能的同时，提高腿部肌肉的力量与耐力，塑造完美的体型。

先热身骑行 5 分钟，再以 80% 的强度骑行 5 分钟，休息 3 分钟，再以 100%的强度骑行 2～3 分钟，休息 3 分钟，以 60% 的强度骑行 5～10 分钟（注意主动地、深度地呼吸，以缓解疲劳）。

**注意事项**：强度骑行法对心血管系统刺激大，所以须经过一定的训练方可

进行，心脏病患者、中老年人要慎用此法。

c.力度骑行法：主要是模拟山路的路况骑行，如丘陵、缓坡、斜坡等。骑行时对腿部的力量要求较高，需有一定基础。

**注意事项**：开始时最好在专业人员的指导下锻炼，并需要持之以恒。

② 常用健身车简介。

a.风阻健身车：通过手柄控制，手柄采用摇杆联动机构，具备可调式鞍座，采用风阻力。其特点是运行平稳、舒适；移动方便，占地面积小；适合青年人及身体康复人员使用。

b.程控式磁阻健身车：采用全封闭外壳设计，国际流行款式，整机外形美观大方；阻力源为电磁阻力，程控调节，运动更舒适；机架高强度设计；多楔带传动，运动平稳无噪声；鞍座位置前后上下均可调节，适合于不同锻炼者；移动式脚轮，便于运动。LED 数码管可显示速度、里程、时间、卡里路、心率；在仪表背部设有 PC 通信接口，可与一般计算机连接，但需有相应的软件支持。

c.健身滑行车：它是适用于健力、健身、健美锻炼之用的新型器械。采用弯管悬臂式、螺栓管接结构，功能齐全。仰卧在滑行车上，双脚顶勾在横杆上，可以锻炼腹部肌肉，增强腹部力量。若跪卧在滑行车上，上身前倾，双手拉扼弯管，锻炼臂力和增加肱二头肌的健美。若端坐在滑行车上，双腿踏在横杆上，手拉弯管，既可进行臂力训练，又可反复对腿部进行锻炼。这种车一般占地面积比较少。

图 2-73　划船器

（3）划船器（图 2-73）。

划船器主要用于腰背部肌、上肢屈肌群、下肢伸肌群的肌力及耐力训练。"划船"时身体每一个屈伸动作、每次划桨的划臂动作，使大约 90%的伸肌参与了运动，因此它对于平时几乎不参与任何动作的伸肌来说，实在是受益无穷。划船动作对锻炼背部肌肉有明显效果，让脊背在体前屈和体后伸当中得到最大范围的锻炼，同时可有效地活动脊柱的各个关节，不但增强了弹性，也增加了韧性。

练习"划船"时，要注意动作的连贯性，每一个蹬伸的动作不要出现停顿。划行过程中的动作一定要到位，幅度如果过小，参与运动的肌肉无法充分伸展和收缩。

如果锻炼的目的是减轻体重，应将手柄的力度调节至中低强度，每次划船时间不低于 30 分钟，中间稍做休息；如果力度调节至中等强度，可达到肌肉力量的锻炼，同时明显缓解背部肌肉的紧张，并辅助治疗陈旧性创伤或新创伤；

如果至最大强度，可达到健美背部肌肉的效果，锻炼时注意呼吸配合（前倾时呼气，后仰时吸气），中间休息不超过 1 分钟，每 3 次为一组，组间休息 3 分钟，共做 4~5 组。

**适宜人群**：平常不大活动的人群，对中老年人尤为有益。

**注意事项**：单纯进行器械的训练，容易造成身体力量、耐力、肌肉发达程度的片面发展，而忽视了反应、速度、协调性的锻炼，所以平时除了进行常规器械训练外，还应加入必要的辅助练习（如球类、武术、健美操、街舞、拳击、舞蹈等），使身体获得全面的发展。

（4）台阶训练器（登山器，如图 2-74 所示）。登山器是模拟登山或上楼梯运动而设计的锻炼器械，有迷你型和豪华型两类。迷你型小巧紧凑，不需特殊场地，配有显示运动次数及消耗能量的数字计算器，能每日连续使用，能调节踏板的强度，使下半身负荷减轻。豪华型有多种锻炼方案供健身者选择。

图 2-74　台阶训练器

（5）多功能组合练习器（图 2-75）。多功能组合练习器可适用于多种力量的训练，通过动作件、钢丝绳、滑轮、重量调节块等把背肌伸展练习器、蝴蝶式胸肌练习器、二头肌训练器、三头肌训练器、腿部练习器、力量辅助上身练习器等综合到一起，通过运动来锻炼局部肌肉的力量，使锻炼者体形更加健美。如此既可减少脂肪，又可使体形更健壮、优美。是一种多功能、组合型、占地小的体育健身器材，深受旅游者的欢迎。一直是健身中心必备的优选器械。

**2. 健美房设备（图 2-76）**

健美房要求地面采用枫木，内置音箱和广播喇叭箱及弹簧设备，使地台随着音乐节拍跳动。同时要求配备标准的空调设备、墙身镜子、柔和灯光、高频音响设备、室内电视系统及饮用水喷泉等。

**3. 测试中心设备**

（1）身体柔软度量度器。身体柔软度量度器是量度人体柔软弹性的一种仪器。在运动前测试，可避免运动训练时意外受伤。

图 2-75　多功能组合练习器　　　　　图 2-76　健美房

（2）体能量度尺。体能量度尺是度量体形的标准板。

（3）肺功能分析仪。肺功能分析仪为利用计算机准确测量肺活量的仪器。

（4）电脑脂肪测量仪。利用先进的激光技术，提供专业准确的分析。迅速而准确地分析体内脂肪、水分及肌肉分布，可印制健身报告表。

（5）电子心率显示仪。可通过独立的胸部感应带传送心率至显示腕表，并备有警号通知。

（6）心率、血压及重量组合仪。可测量心率、血压及重量，提供健身前后的比较表，使用方便。

## 三、热身运动

热身运动即锻炼前的准备活动。各项健身活动都要求身体各部功能的协调。平时，由于肌肉、韧带、关节活动范围较小，必须经过调节放松，这就需要做热身活动。热身运动能适当提高体温，减轻肌肉、韧带、关节本能的摩擦力，促进血液循环，使身体进入运动状态，避免身体受到拉伤、扭伤、内部组织器官等伤害。准备活动所需时间一般在 10～20 分钟，天气太冷时还须适当延长。其操作项目与方法各项大致相同。如慢跑、颈部环绕运动、肩部关节、腰腿部关节活动、屈膝深蹲等。

## 四、健身训练中注意事项

（1）重视安全，要像注意运动技术一样关注安全问题。

（2）进行超负荷训练，必须遵守循序渐进的原则。由轻渐重，不可急于求成，以免出现伤痛事故。

（3）运动前检查器材、场地，避免因器材损伤或场地障碍造成伤害。

（4）了解客人的身体状况。有条件的或临场需要时，应对受训者的血压、心率、脉搏等进行检测。

（5）做好准备活动，以保持运动过程的体温及关节韧带的灵活等，使身体适应运动状态。此外，运动服装应按季节、气候增减。

（6）运动时，正确调整呼吸。

（7）做好安全保护，特别是在高负荷的练习和试做新动作时更要注意。

## 五、健身房的设计要求

### 1. 设施设备要求

（1）健身房设计要合理，面积大小与健身房规模相适应。

（2）跑步机、脚踏车、划船机、健骑机、漫步机、滑雪机等运动器材和设备，要符合国际统一使用标准。

（3）健身器材要安全耐用。

（4）室内照明要充足，光线柔和。

### 2. 配套设施要求

（1）健身房要有与接待能力相应档次与数量的男、女更衣室，淋浴室和卫生间。更衣室配带锁更衣柜、挂衣钩、衣架、鞋架与长凳等。

（2）淋浴室各间要互相隔离，配冷热双温水喷头、浴帘。卫生间配隔离式坐式大便器、挂斗式便池、洗盥台、大镜及固定式吹风机等卫生设备。

（3）各配套设施墙面、地面均满铺瓷砖和大理石，有防滑措施。

（4）健身房内设饮水区。

（5）各种配套设施材料的选择和装修，应与健身房设施设备相适应。配套设施设备完好率不低于98%。

### 3. 环境质量要求

（1）健身房门口要设有营业时间、客人须知、价目表等标志标牌。

（2）标导标牌设置要齐全，设计美观，安装位置适当，并应中英文对照、字迹清楚。

（3）室内健身器材摆放要整齐有序。

（4）室温应保持在20~22℃，相对湿度为50%~60%。

（5）自然采光要求良好，灯光照明度均匀，换气量每人每小时不低于30立方米。

### 4. 卫生标准要求

（1）健身房卫生应每日打扫，随时清洁。健身器材无污迹，一尘不染。墙面壁饰要整洁美观，无蛛网、灰尘、污迹，不掉皮、脱皮。

（2）地面要洁净，无废纸、杂物和卫生死角。所有用品及用具摆放整齐、规范。

## 六、健身房的服务程序

### 1. 营业前

（1）上岗前应先做自我检查，做到仪容仪表端庄、整洁，符合上岗要求。

（2）主管或领班要提前到岗分配工作、提出要求和检查员工仪表等。

（3）做好环境布置工作。包括打开照明灯使室内采光均匀；开启空调，使室内温度保持在 18～24℃，相对湿度保持在 50%～60%；打开通风装置及音响设备；做好营业前的清洁工作。

（4）检查各种健身机械是否安全可靠，发现问题应及时报修。

（5）准备各种单据、表格、文具、毛巾、浴巾、纯净水和水杯等营业用品。

（6）精神饱满地做好迎客准备。

### 2. 迎宾

（1）面带微笑，主动迎候客人，并请客人在场地使用登记表上签字。

（2）向客人发放钥匙和毛巾，将客人引领到更衣室。

### 3. 健身服务

（1）客人更衣完毕，服务员主动迎候，征询客人要求，介绍各种健身项目，主动讲清要领并做示范。

（2）细心观察场内情况，及时提醒客人应注意的事项，当客人变更运动姿势或加大运动量时，服务员应先检查锁扣是否已插牢，必要时须为客人换挡。

（3）对不熟悉器械的客人，服务员要热诚服务、耐心指导，必要时要以身示范。

（4）如客人需要，在其运动时可播放符合其节奏的音乐，运动间隙时，服务员要主动递上毛巾，并为其提供饮料服务。

（5）客人更衣完毕，应主动征求客人意见，并及时汇报给领班。

（6）如客人希望做长期、系列的健身运动，服务员可按照客人的要求为其制定健身计划，并为客人做好每次健身记录。

（7）当客人示意结账时，服务员要主动上前将账单递送给客人。

（8）如客人要求挂账，服务员要请客人出示房卡并与前台收银处联系，待确认后要请客人签字并认真核对客人笔迹，如未获前台收银处同意或认定笔迹不一致，则请客人以现金结付。

（9）客人离别时要主动提醒客人不要忘记随身物品，并帮助客人穿戴好衣帽。

4．送别客人

（1）送客人至门口并礼貌向客人道别。

（2）及时清扫场地并整理物品。

（3）将使用过的毛巾送洗衣房更换新毛巾，并将使用过的毛巾放入消毒箱消毒，做好再次迎客的准备。

# 第七节　游泳池服务

 ## 学习目标

★ 了解各种泳姿。

★ 掌握一定的游泳知识和技巧，能够指导客人进行游泳运动。

★ 熟练掌握游泳池各项服务的基本步骤。

★ 具备一定的救护常识，能应对客人在游泳运动中发生的各种突发情况。

 ## 技能目标

★ 能演示游泳池服务程序和要求。

★ 能演示救生的程序和方法。

 ## 相关知识

现代游泳运动起源于英国。是一项非常有益的运动。它是所有娱乐性体育活动中最受人喜爱的运动项目之一。

游泳能充分利用自然条件——日光、空气、水来进行身体锻炼，促进身体的全面发展，而且运动量可大可小。无论男女老少，体力强弱，甚至某些慢性病患者都适宜参加，可从中得到锻炼或治疗。

游泳时，由于冷水的刺激，机体代谢率大大提高，在水中胸部要受到12～15千克的水压，呼吸条件比陆地上困难得多。运动中所需大量的氧气是通过增大呼吸深度的方法取得的，使每次呼吸都能吸进大量的氧气，呼出大量的二氧化碳。经过长期的锻炼，呼吸肌就会逐渐变得强壮有力，呼吸功能也就大大提高。实验证明：一般人的肺活量约3 200毫升，呼吸差为6～8厘米；

而游泳运动员的肺活量可达 4 000～6 000 毫升，呼吸差可达 12～15 厘米。经常进行游泳锻炼的人，安静时的呼吸显得深而慢，呼吸肌不容易疲劳，又能满足机体的需氧量。

水温的刺激和水的压力对心脏心血管系统也提出了更高的要求，人在水中呈平卧姿势时水对身体有按摩作用，有利于血液循环。一般人在安静状态下每分钟心跳为 68～72 次，每搏输出量为 60～80 毫升。长期参加游泳锻炼的人，心脏肌肉变得粗壮有力，工作效率提高。在安静状态下每分钟只需收缩 50 次左右，每搏输出量却达到 90～120 毫升。在游泳教学中，经常进行缺氧训练，使机体有氧代谢和无氧代谢功能得到提高，为适应激烈活动储备了力量，使心脏在安静时跳动慢，心肌不易疲劳，而在大强度活动时，心脏功能又可以很快动员起来，适应这种变化的要求。因此，游泳对增强心血管功能，预防心血管疾病都有积极的作用。

游泳时，所有的肌肉群和内脏器官都参加有节奏的活动。这种锻炼能有效地促进身体全面、匀称、协调地发展，并使肌肉发达，富有弹性。

冷水的刺激对神经系统也有良好的影响。经过长期游泳锻炼，能增强机体适应外界环境变化的能力，抵御寒冷，预防疾病。所以，经常从事游泳的人不易伤风感冒，与医疗体育配合还可以治疗一些慢性病。

## 一、游泳池的场地设施

标准游泳池（图 2-77）长 50 米、宽 25 米，浅端水深 1.3 米，深端水深 1.7 米。在合适的位置装游泳池梯和跳水板。游泳池四周有满水沟道、防滑地台胶。为保证水质的清洁和卫生，需配备先进的水循环系统、水过滤系统、水消毒系统、池底清洁系统等。游泳池入口处设置消毒浸脚池。高级的游泳池设施还应配有较小的、水温不同的游泳训练按摩池，供人们进行预备运动、运动后小憩

图 2-77　游泳池

等。游泳池的附属设施包括清洁安全的更衣室、淋浴室，提供低值易耗品和棉织品，池边有躺椅、磅秤，有的还配有按摩器。此外，还应配备有救生圈、游泳衣、裤、帽及游泳镜等用品，供客人使用。

## 二、游泳池的类型

### 1. 室内游泳池

室内游泳池是饭店游泳娱乐设施中最普遍的一种游泳池类型，它不受季节和天气的影响，任何时间都能开放，使用率高，室温、水温容易保持。室内设施齐备，顶层高大，顶棚与墙面设置大面积玻璃，采光良好，水质好，环境舒适。游泳池尺寸任意，室内外游泳池的形状包括长方形、圆环形、泪珠形、腰子形和任意形。但需要注意以下几点：一是室内池屋顶做成圆形或人字形，以防冷凝水滴在客人身上而影响档次；二是室内池内送风、排风符合要求，在室内池内不要有桑拿房的感受；三是水处理系统工作可靠。

### 2. 室外游泳池

室外游泳池的建造大都与周围环境协调一致，视野开阔、空气清新，富有大自然的情调，很受人们的欢迎。但由于游泳池露天，池内外卫生很难保持，水温也难以保证，所以，必须配备更多的先进设备设施和服务人员。因受季节、气候影响较大，这种游泳池对于南方地区的饭店较为适用。在南方可以春、夏、秋三季使用，而在北方一般只能在夏季使用，所以局限性较大。

### 3. 室内外兼用游泳池

室内外兼用游泳池（图2-78）是一种高级豪华型游泳池，兼有室内、室外游泳池的优点，既可拥有大自然的浪漫情调，又不受气候变化影响，可全天候使用。这种游泳池有两种形式，一种是将游泳池一部分建在室内，另一部分建在室外，客人可在室内外自由往来，尽情享受两种环境；另一种是通过开启或关闭天棚来改变游泳池的环境，季节、天气适宜时开启天棚，成为室外游泳池，人们尽情享受自然的阳光、空气，季节、天气不适宜时关闭天棚，成为室内游泳池，人们可尽情畅游，不必理会外界的环境。由于天棚结构复杂，工程造价高，所以这种游泳池的保养、维修费用也较普通游泳池高。

### 4. 戏水池

戏水池（图2-79）是近年来迅速发展起来的一种水上娱乐项目。它具有游泳池的属性，但比游泳池更富有娱乐性，因而受到广大消费者的青睐。在戏水乐园里可以游泳、冲浪、漂流、坐水滑梯、嬉戏海浪等，也有供儿童嬉戏的浅水池，水深20～60厘米，池中有水蘑菇、喷泉、水滑梯、气泡涌泉等儿童娱乐设备设施。

图2-78　室内外兼用游泳池　　　　　　图2-79　戏水池

## 三、游泳的基本姿势

### 1. 蛙泳

蛙泳（图2-80、图2-81）是因动作像青蛙游水而得名的。蛙泳是身体俯卧水中，两肩与水面平行，依靠两臂对称向后划水，两腿向后对称蹬夹水而向前游进的姿势。因为蛙泳动作对称，间歇性强，大腿肌肉群充分活动，所以游得远且能保持一定的速度，省体力又能负担较大的重量，是一项重要的实用游泳技能。

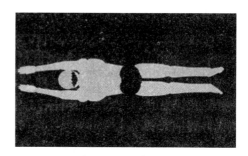

图2-80　蛙泳　　　　　　　　图2-81　蛙泳动作

### 2. 仰泳

仰泳（图2-82、图2-83）是人体仰卧在水中进行游泳的一种姿势。仰泳技术的产生和发展有较长的历史，1794年就有了关于仰泳技术的记载，但是直到19世纪初，游仰泳时仍采用两臂同时向后划水，两腿做蛙泳的蹬水动作，即现在的"反蛙泳"。自1902年出现爬泳技术后，由于爬泳技术合理和速度快，就开始有人采用类似爬泳的两臂轮流向后划水的游法。但是直到1921年才初步形成了现在的仰泳技术。仰泳技术由于头部露出水面，呼吸方便，躺在水面上，比较省力。因此深受中老年人和体质较弱者喜爱。

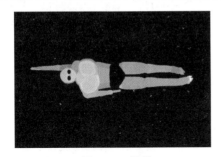

图 2-82　仰泳

图 2-83　仰泳动作

### 3．蝶泳

蝶泳（图 2-84、图 2-85）技术是在蛙泳技术动作基础上演变而来的。当蛙泳技术发展到第二阶段时，也就是 1937～1952 年这一时期，在游泳比赛中，有些运动员采用两臂划水到大腿后提出水面，再从空中迁移的技术，从外形看，好像蝴蝶展翅飞舞，所以人们称它为"蝶泳"。

1953 年，国际泳联规定，蛙泳和蝶泳分开进行比赛，使蝶泳成为了一独立的比赛项目，从而得到了很好的发展。

蝶泳技术是仅仅比爬泳技术慢的泳姿。由于它的腿部动作酷似海豚，所以又称为"海豚泳"。

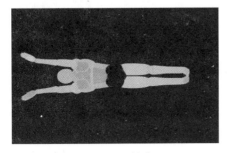

图 2-84　蝶泳

图 2-85　蝶泳动作

### 4．自由泳

自由泳又称爬泳（图 2-86、图 2-87）是因其动作像在水中爬行而得名的。由于爬泳的速度快，在各项自由泳比赛中人们都采用爬泳技术。

## 四、游泳的安全、卫生知识

（1）进行体检，身体合格方可下水游泳。患传染性疾病、皮肤病等不可下池游泳。

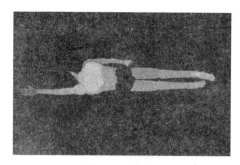
图 2-86　爬泳

图 2-87　爬泳动作

（2）下水前需做好准备活动，如跑步、做操，使身体各器官适应运动的需要。

（3）游泳者应注意公共卫生，淋浴后再下水游泳。不得在水中吐痰或小便。

（4）出现头晕、恶心、抽筋、冷战等异常情况，应及时出水。

（5）不到水质污染和非游泳区游泳。

（6）游泳中常发生的几种现象：

① 耳朵进水，应马上处理。在水中时，将头偏向有水的耳朵一侧，用手掌压紧有水的耳朵，屏住呼吸，然后迅速提起手掌，反复几次，即可将水吸出。在岸上，将头偏向有水的耳朵一侧，并用同侧腿连续跳几次，水便从耳中流出。

② 抽筋，是指由于水冷、身体受到寒冷刺激、游泳时间过长、过度疲劳、精神紧张、身体缺盐、用力过猛、动作失调及准备活动不充分等原因引起身体肌肉发生抽筋现象，常发生的部位有大腿、小腿、手指和脚趾。如在水中发生抽筋现象，必须保持镇静，不要慌张，可叫人来救或自救，并立即上岸，擦干身体，按摩抽筋部位肌肉，牵拉抽筋部位肌肉，并注意保暖。

③ 呛水，是水从鼻腔或口腔进入呼吸道而引起，呛水会造成呼吸困难。喉和气管由于受到水的刺激，严重时会发生反射性痉挛，使呼吸道梗塞，引起窒息。发生呛水后不要紧张，将头露出水面，把水从鼻或口里咳出，就能迅速恢复呼吸。

④ 眼睛红肿。很多人游泳后，眼睛都会有点发红，有的眼皮也有红肿，这是因为游泳时，眼结膜受到水和水中杂质的刺激而引起的，结膜上的毛细血管受到凉水的轻微刺激，会扩张而血流缓慢，这是正常的生理现象，经过一两个小时后就会消失，一般可在游泳后滴一两滴氯霉素眼药水即可。

⑤ 恶心、呕吐。鼻子呛进脏水就会这样。赶快上岸，然后用手指压中脘、内关穴，如果有人丹，也可以含上一粒。为预防肠炎，还可吃几瓣生蒜。

## 五、标准室内游泳池的设计要求

### 1．设施设备要求

（1）游泳池要设计合理，面积大小、深度及池内设施与国际比赛标准相适应。

（2）游泳池要定期换水，保持干净无污染。

（3）室内游泳池要照明充足，光线柔和。

### 2．配套设施要求

（1）游泳池旁边要有与接待能力相应档次与数量的男、女更衣室，淋浴室和卫生间。更衣室配带锁更衣柜、挂衣钩、衣架、鞋架与长凳。

（2）淋浴室各间要互相隔离，配冷热双温水喷头、浴帘。卫生间配隔离式坐式大便器、挂斗式便池、洗盥台、大镜及固定式吹风机等卫生设备。

（3）各配套设施的墙面、地面均应满铺瓷砖和大理石，有防滑措施。

（4）游泳池内要设饮水区。

（5）各种配套设施材料的选择和装修，应与游泳池设施设备相适应。配套设施设备完好率不低于98%。

### 3．环境质量要求

（1）游泳池门口要设营业时间、客人须知、价目表等标志标牌。

（2）标导标牌设置要齐全，设计美观，安装位置适当，有中英文对照、字迹清楚。

（3）池水应保持恒温，常年在26～28℃，冬季室温为25℃左右。

（4）自然采光要良好。换气量每人每小时不低于30立方米。

（5）整个泳场环境要美观、舒适、大方、优雅。

### 4．卫生标准要求

（1）游泳池卫生需随时清洁。池内、池外无杂物。

（2）所有用品及用具要摆放整齐、规范。

## 六、游泳池的服务程序

### 1．营业前

（1）提前到场做好池水净化工作。采用先进的水处理设备，运用活性炭及天然石英海砂多级吸附过滤，利用负压并输入标准含量的液氯、臭氧进行消毒，使水质更湛蓝、清澈，其水质、净度应符合国家游泳池用水标准。

（2）搞好池边及周围设施的卫生工作，包括瓷砖、跳台、淋浴间地面、镜子及卫生洁具等。

（3）准备好营业用品，如各种酒水、小食品等。

（4）检查更衣柜的锁和钥匙，淋浴室内的冷、热水开关。备好洗浴用品，如浴巾、淋浴液、洗发液等。

（5）整理好自己的仪表，准备迎接客人。

2．迎宾

（1）顾客来时，应主动热情地向客人打招呼，表示欢迎。

（2）礼貌进行验票，准确记录顾客姓名、房号、到达时间、更衣柜号码等。

（3）顾客更衣后，应主动引导顾客进入游泳池。

3．游泳池服务

（1）游泳池救生员。

① 严格执行有关游泳规定，维持正常秩序，礼貌劝阻非泳客在游泳池范围休息、拍照。

对饮酒过量或患有皮肤病的客人谢绝入内，并提醒客人若患有心脏病、高血压、中耳炎等疾病或过饥过饱、剧烈运动后等情况下，不宜下水。

② 负责客人的游泳安全，密切注意池内泳客的动态，发现险情应及时处理，并向有关领导汇报。

③ 提供饮料、订餐、发放救生圈等服务。负责每天的清场工作。

（2）更衣室服务员。

① 认真做好泳客登记、发放更衣柜钥匙和浴巾的工作。

② 坚守岗位，注意出入更衣室客人的动态，对客人的生命和财物负责，发现情况及时处理和汇报。

③ 对遗留物品要做好登记和上交工作，负责游泳池物品补充，统计和填写交接班本。

④ 负责提供饮料和送餐服务。

⑤ 负责更衣室设备保养和报修工作。

（3）游泳池水质净化员。

① 熟悉池水净化工作，负责游泳池水质的测验和保养。

② 熟练掌握机房内机械设备的性能及操作规程，负责保养、检查和报修工作。

③ 保证池水清澈、透明、无杂物、无沉淀物、无青苔，水质应符合卫生标准，每日做好水质分析化验。

④ 负责游泳池机房、工具房的清洁卫生工作，保管好净化工具、净化物品。

⑤ 负责制定净化药物和其他物资的补充计划。

**4. 送别客人**

（1）将客人送至门口，并向客人道别，欢迎客人下次再来。

（2）将使用过的浴巾送洗衣房，更换新毛巾，旧毛巾放入消毒箱消毒。准备迎接下一批客人的到来。

## 补充提高

### 游泳运动的发展

游泳是一种休闲娱乐，它是一种在水中漂浮并靠自己力量前进的一种运动。

在 Libyan 沙漠 Woodsier 岩洞上，发现有游泳动作的壁画，且发现当时已有侧泳的技能及水上救生的技巧。

公元前 2000 年，在埃及有王子跟贵族练习游泳的记载。

中世纪至 12 世纪后，受到唯神思想影响，游泳成为贵族子弟的武士教育之一。

15 世纪，Victim de Feature 初创运动与游泳。

1428 年，Mantua 应王子之请设立学校，并把游泳列入课程中，是为近代体育运动教学之先锋。

1538 年，因德国语言教授威思曼（Nicolas Nyman）以拉丁文首作游泳书，故此后游泳的方法及教法才有详细的记载。

1800 年，俯泳仍为最迅速的泳法。

1873 年，T.Frudgeon 发明剪腿自由式。

19 世纪中期至 20 世纪初，各国的游泳开始普及起来，游泳总会亦相继成立。

1896 年，在雅典举行的第一届奥运会上，游泳即被列为正式比赛。

1908 年，国际游泳总会成立。

1973 年，贝尔格勒举办首届世界游泳锦标赛。

## 案例分析

### 输赢自有分寸

这一天饭店台球厅是服务员小李当班，一位初学的客人要求提供陪打和指导服务，小李很有礼貌地和这位先生打了招呼，就开始打球了。

小李在台球厅一向以技艺精湛著称。今天小李遇到的客人不是很会打球，一会儿小李就稳操胜券了。

"左上角的那个黑6的位置不错。"小李善意地提醒客人。

"我试试。"客人带着满脸紧张的神色说。

"Yeah，进了。"客人兴奋得像个小孩子。

一来一往间，小李和客人的水平好像不分伯仲，两个人之间谈话越来越多，仿佛是两个久未谋面的老朋友。

**问题：**

1. 你认为小李在哪些方面做得好？
2. 你认为怎样才能在输赢间把握好尺度？具体应该怎么做？

# 本 章 小 结

本章介绍了康乐部门中的康体类项目经营与管理，主要有台球厅服务、健身房的服务、保龄球馆的服务、壁球馆的服务、游泳池的服务、网球场的服务和高尔夫球场的服务。康体项目大多从体育活动衍变而来，具有体育活动的特征，通过以上几种项目的介绍，希望大家能融会贯通，举一反三，掌握共性，更好地做好康体类项目的服务工作。

# 实 训 操 作

实训一

## 【实训项目】

台球服务。

## 【实训目的】

通过实训，使学生熟悉台球设备及相关用具的使用，熟知英式斯诺克和美式十五球的规则，掌握台球服务的基本步骤。

## 【实训内容】

（1）联系实训基地，组织学生安全到达。

（2）将学生分成若干小组，每组3位同学，1位模拟服务人员，其余2位模拟顾客。

（3）转换角色，轮流进行，找出问题。

（4）形成电子版实训报告。

## 【实训要求】

（1）严格出勤，认真履行请销假制度。

（2）每位同学必须参与。

（3）熟悉台球设备及相关用具的使用。

（4）服务人员能够提供标准摆球、复位、记分和指导、陪练等服务。

### 实训二

## 【实训项目】

健身房服务。

## 【实训目的】

通过实训，使学生熟悉健身房器械的使用，掌握健身房的服务程序。能够为客人提供标准服务和指导等服务。

## 【实训内容】

（1）联系实训基地，组织学生安全到达。

（2）学生一对一服务。

（3）转换角色，轮流进行，找出问题。

（4）形成电子版实训报告。

## 【实训要求】

（1）严格出勤，认真履行请销假制度。

（2）每位同学必须参与。

（3）掌握健身器械的使用。

（4）服务人员要为客人提供标准服务和指导等服务。

# 本 章 习 题

1. 有袋式台球比赛的方法有哪几种？

2．台球厅的设计要求有哪些？

3．台球厅的服务标准有哪些？

4．健身房健身器材可分为哪两大类？

5．健身房的设计要求有哪些？

6．健身房的服务标准有哪些？

7．保龄球馆的设计要求有哪些？

8．保龄球馆服务标准有哪些？

9．游泳池的分类有哪些？

10．标准室内游泳池的设计要求有哪些？

11．游泳池的服务标准有哪些？

12．网球的比赛方法有哪些？

13．网球场的设计要求有哪些？

14．网球室服务标准有哪些？

15．高尔夫球场的设施有哪些？

16．高尔夫球场的服务标准有哪些？

# 第三章　娱乐项目的经营与管理

## 课程导入

"李总，晚上好，欢迎光临红星歌舞厅。"迎宾小姐热情地走上前迎宾。李先生笑容满面地点了点头，招呼着他的一群朋友走进了歌舞厅。

迎宾员引领客人入座后，服务员递上了一杯杯热茶，唯独给李先生上了一杯温开水。当见到有人诧异时，李先生说："他们知道我胃不好，只喝开水。"不一会儿，投影屏幕上放出了一首《爱拼才会赢》，服务员还将之下调了 2 个音阶，李先生踌躇满志地走上了舞台，一首洪亮的歌曲博得了人们的阵阵掌声。

李先生的感觉好极了，好像服务人员替他安排了一场个人演唱会似的。他们玩得十分开心，当临近结束时，DJ 人员又放出了《明天会更好》，李先生又心领神会地走上舞台，充满激情地放声高唱。唱完后，李先生要签单记账，服务人员去取账单，这时，另一名服务员才端上了一杯胡萝卜汁，李先生说："呀，我好像点的是橙汁，小王，怎么，有什么心事吗？这么没精神！没关系，也该喝喝胡萝卜汁，换换口味啦。"

请你思考：

1. 为什么看似普通的服务能让客人感到很满意？
2. 怎样达到这种服务并让客人感到是一种享受？

# 第一节　歌舞厅、卡拉 OK、KTV 服务

## 学习目标

★ 掌握歌舞厅、卡拉 OK、KTV 服务的基本步骤。
★ 熟练歌舞厅、卡拉 OK、KTV 各种设备的使用方法。

★ 掌握歌舞厅、卡拉OK、KTV的清洁工作内容与方法。

★ 具备熟练地接待客人并提供及时、周到服务的能力。

 **技能目标**

★能演示迎送客人、台面服务及结账服务的工作程序与要求。

 **相关知识**

　　歌舞厅是指以专业人员进行歌舞表演为主的娱乐场所，舞台的灯光华丽、音响专业，与正规舞台表演相比，形式较为轻松，演出内容通俗易懂，娱乐性极强，主持人是整台演出的灵魂，需要有较强的语言表达能力和应变能力，能把毫无关系的节目有机地串接起来并营造热烈的娱乐气氛，还要能及时把握和调整场上气氛，不能出现冷场，并在客人情绪高涨时，适时调整原有节目的安排，让客人参与演出，使激昂的情绪得以宣泄，同时给其他客人带来意外的快乐的惊喜，使演出真正达到娱乐的目的。现代酒店通常都有一些歌舞场所，以供宾客休闲。

　　歌舞厅投资巨大，除了需要豪华的环境装饰外，还必须让客人有舒适的座位，有可伸缩移动、适合各种表演的舞台，还要有专业的灯光设计、音响设置和高科技的效果模拟设备。这些设备越先进，越出人意料，就越能吸引客人，取得好的经济效益。

　　歌舞厅的管理和节目组织工作非常复杂，歌舞厅的营业成绩甚至成败都依赖于节目的组织。一场节目除了较高的演员、乐手费用之外还有大量的用电费用。如果节目受客人欢迎，一切费用都会得到补偿并获得丰富的利润。营业收入主要有三个方面：一是门票收入，二是食品饮料收入，这两部分收入用于支付各种经营费用，三是花束、花篮收入，作为客人对出色表演的额外奖励。花束、花篮通常可以反复使用，这是客人向表演者支付小费的一种形式。这项收入由歌舞厅与演员按事先约定好的比例分配，是歌舞厅在成本之外的纯收入。由于消费者口味不同，而且变化很快，因此经营歌舞厅一定要有灵活性。

　　卡拉OK可以排遣心中的郁闷，尽情地表达自己的喜怒哀乐，是一种很好的娱乐方式。卡拉OK成了人们表现自我、抒发感情的重要手段，也成了沟通人际关系、联系感情、应酬宾朋的重要方式。饭店康乐部经营的卡拉OK有以下几种方式：

### 1. 大厅卡拉 OK

大厅卡拉 OK 是指众多互不相识的客人共用演唱场地，用一套卡拉 OK 音像设备；包括大功率的立体环境音响、盘片机、功率放大器、灯光及灯光控制器、专业调音台、投影机和投影银幕、多个悬挂式或立式彩色监视机、盘片柜及盘片等，如图 3-1 所示。大厅由舞池、座位区、音控室、吧台等构成。舞池不仅可用于演唱者在演唱时表演，还可为其他客人提供随音乐起舞的空间。舞池一般占卡拉 OK 大厅总面积的 1/6～1/5。座位区的座位有火车座式、圆桌式、U 形沙发式。座位应围绕并面向舞池来布置，而且以能观看到大屏幕为要求。座位区以台号来确定坐席，便于服务和管理。吧台是整个大厅服务活动的中心，包括提供酒水、小食品、果盘、送点歌单、结账等。

### 2. KTV 卡拉 OK

由于人们在娱乐场中要求的不仅仅是娱乐，还要进行有目的的交流和洽谈，这些活动在卡拉 OK 大厅中进行是很不方便的，因此 KTV 包间很快就产生了。这是结伴而来的一组客人包租一间大小适宜的卡拉 OK 演唱场所，单独配备一整套音响设备。包间的大小从可容纳两人的情侣包厢到容纳二三十人的包厢不等。包厢环境幽雅，装修讲究，富有各种风格和情调。包厢内为客人设置了沙发、茶几甚至小舞池。包厢内设备包括彩色电视机，带卡拉 OK 混响器的功率放大器、环境效果的音箱、激光影碟机、电子点歌器或多媒体点歌计算机终端及相匹配的两三个麦克风。KTV 由于其舒适、独立的特点而受到广泛的欢迎，如图 3-2 所示。

图 3-1　大厅卡拉 OK　　　　　　　图 3-2　KTV 包房

### 3. MTV 卡拉 OK

MTV 卡拉 OK 是大厅卡拉 OK 的一种进步，它在演唱舞台配置专业演出灯光和音响的基础上，面对舞台安装一个或多个摄影镜头，增添了高保真的录音设备，由控制室的专业人员控制。当客人演唱时，专业人员对演唱者进行灯光和音响的最佳配置，通过不同的摄像镜头拍下演唱者的各个侧面，结合卡拉 OK 盘片中的画面，用各种不同的电视制作手法，把各种画面编辑、串联起来，随着歌曲的旋律播放到投影银幕上。人们看到的是演唱者的形象和盘片中的背景画面或舞台背景融合起来的画面，还可以是演唱者与盘片中原唱歌星同台演唱的情景，这样给客人增添了极大的情趣。客人有兴趣，也可以把演唱录制成音像，既留声又留影，得到自娱自乐的享受。

# 一、卡拉 OK 娱乐知识

## 1. 常见的几种点歌方法

（1）填写点歌单。这是一种比较原始的服务方法。客人依据歌本上的曲目，选择自己喜欢唱的歌曲，按照点歌单逐一填写歌曲的标号。服务人员收取点歌单后，送到音控室交给 DJ 员，由 DJ 员根据客人点歌的顺序一一播放。

（2）光笔点歌。是现代高科技运用到卡拉 OK 娱乐项目上的一种较先进的点歌方法。客人只要在所喜欢的曲目上用光笔轻轻点击，音控室的列表机就会把所有客人所选择的歌曲打印出来，工作人员再依次按照列表排序播放。

（3）自助式点歌。这种方式采用了可储存数千首的自助点歌系统设备，客人可通过遥控器进行点歌，甚至还可以通过遥控器选点酒水、饮料和食品，自动化程度很高。这种点歌方式主要出现在自助式歌厅。

（4）电子计算机点歌系统（图 3-3、图 3-4）。是目前最先进的一种点歌系统，客人根据电子计算机显示屏的提示，采用触摸方式选择自己喜欢的歌曲。这种点歌系统包含各种不同的选择模式，如歌曲语种、歌手的名字、歌曲名字、地区曲目等点歌方法。点歌效率高、速度快、正确率高，深受客人欢迎。

图 3-3　电子计算机点歌系统

图 3-4　电子计算机点播界面

### 2. 演唱时的设备使用方法

在演唱中，顾客可以根据自己的音量、音域、音色等条件提出要求。DJ员根据要求调整调音台的参数，以适应顾客的要求。例如可将某支歌曲的音调升高或降低一个小二度或大二度；也可以通过技术手段美化顾客演唱的音色，例如增减歌声中的高音成分或低音成分，还可以适当增加"混响时间"。"混响时间"在专业技术上的解释是：一个声音停止发声后，音量衰减60分贝所需要的时间。在日常生活中，可以简单地解释为余音。适当地为演唱歌声增加混响可以美化音色。此外，还可以增加"回音"、"激励音"等，这里就不一一介绍了。所有这些技术手段都为演唱者和操作人员提供了极大的方便，从而能使顾客在参与演唱中得到艺术享受，达到自娱自乐、陶冶情操的目的。

### 3. 卡拉OK娱乐中应注意的几点事项

（1）在清唱中注意不要磕碰话筒，也不要用嘴吹话筒，以免话筒技术指标降低、声音信号失真。

（2）演唱时注意不要将话筒贴在嘴边。这样，一是防止公用话筒成为疾病传染的媒介；二是贴近话筒演唱需要一定的"气声"演唱技巧，一般顾客还不会掌握，因而可能使音色变差。

（3）注意音量不要过大，这一方面是不至于过多干扰其他人，另一方面是当音量超过85分贝时，会对自己和他人的听觉神经造成损害。

## 二、歌舞厅、卡拉OK、KTV的服务程序

### 1. 预订工作

（1）接到预订电话后，服务员要主动介绍包间的特色及价格。

（2）询问客人的要求、人数、到来时间、姓名，如客人所需的座位或房间已被使用或预订，要主动介绍其他类似的座位或房间。

（3）确认后要清楚地向客人说明预留包房时间，并做登记。

### 2. 营业前的准备工作

（1）做好环境清洁工作，包括大厅、舞池、休息区、包间、卫生间、走廊、客用桌椅、吧台、音像设备、屏幕等。保持活动场所环境高雅美观，有利于客人轻松、愉快地活动。

（2）认真检查设施、设备工作是否正常；吧台服务员要检查好冰箱等设备，清点饮料数量，填写好申领单，报批后按时领取所需的物品。音响师打开电源

及所有音像设备、灯光，调试设备，使之进入最佳状态。

3．营业中的接待工作

（1）客人来时，主动迎接问候客人，询问是否有预订，若有预订，直接引领客人到预约好的座位或包间。若没有预订，则根据客人意见安排合适的座位或包间。

（2）大厅客人就座后，立即开始服务，递送歌单、饮料单、点歌卡、铅笔，主动介绍歌单内容，并帮助客人查找歌名。迅速递送酒水饮料，注意不要挡住客人的视线。客人点歌后，点歌卡迅速送到音响控制室。KTV包间的客人就座后，服务员应立刻开机，调试音响系统，介绍点歌系统的使用方法。送饮料入KTV包间时先敲门。

（3）客人演唱时，音量要调整适当，保证音质优美。

（4）主持人要与服务员、音响师协同配合，调动客人情绪，语言生动幽默。

（5）服务员经常巡视，根据客人的需要，及时补充酒水及小食品，并维护歌厅秩序。

（6）音响师在营业期间，应根据客人要求，适时播放歌曲、舞曲、唱片，善于调节和控制客人的情绪，保证客人在娱乐活动中得到良好的精神享受。根据需要，调整灯光，控制音量、音质，通过音乐、灯光调节歌舞厅的气氛，保证质量记录KTV包厢的开机和关机时间，为服务台的计费工作提供依据。

（7）对于投诉，不论何时和问题大小，都要及时向主管汇报。

（8）客人要求结账时，服务员将账单迅速递到客人手中，收款后立即将零钱找还客人，并致谢、礼貌道别。客人离开后，尽快清理场地，准备迎接下一批客人。

（9）发现遗留物品，要及时报告主管，尽早归还失主。

4．营业结束后的清理工作

（1）音响师关闭所有设备，切断电源，整理好唱片。

（2）服务员统计售出的饮料，清点所收的钱款，交归财务部门，清点存货，填写营业记录，做好交接班工作。

（3）清扫场地，清洗并整理各种用具和酒杯。

（4）关闭空调和灯光，关窗锁门。

## 三、服务要点和注意事项

（1）严格执行国家有关娱乐场所的管理规定，所提供的各种娱乐、服务项目必须明码标价。歌舞娱乐场所不得接待未成年人。聘请文艺表演团体或个人从事营业性演出的，应当符合国家有关营业性演出的管理规定。

（2）热情、主动、礼貌地接待客人，使客人尽快消除陌生感。

（3）为没有预订的客人安排座位或包间时，可根据客人的衣着、气质等安排适当座位或包间。如青年男女、情侣可安排在僻静幽雅之处；衣着华丽的客人可安排在中央显眼的位置。

（4）音响师应熟悉所有音响设施、设备，音乐唱片、歌单内容。具有良好的音乐修养和音乐知识，善于根据客人的要求、播放舞曲和音乐唱片，满足客人要求。与领班一起做好舞曲、歌曲、唱片的选择和歌单设计制作。

## 补充提高

### KTV 市场经营预测

投资者对市场经营预测是在市场调查的基础上，运用科学的方法和手段对影响市场经营的诸因素进行研究、分析、判断和推测，从而掌握市场趋势和规律。

常用的预测方法如下：

#### 1. 经营人员意见法

这种方法是最简单、最常见的一种经营预测方法。此法是由营销、服务、财务等几个部门主要人员根据自己的经验和实践，对营业收支做出估计，然后取平均数为预测基数，这种方法对新店来说，往往是唯一可选择的预测方法。但这些主观判断往往受心理因素的影响，有风险和片面性。

#### 2. 德尔菲法

德尔菲法即专家意见法。即娱乐企业组织专家进行市场经营预测工作，根据专家们对前次问询表的回答情况，设计新的问询表，直到意见基本一致，由于专家各抒己见，因而可避免权威人士意见影响。这种方法费用不高、便于深思熟虑、具有连续性的长期观察特点，一般适用于长期预测。

#### 3. 消费者意见法

消费者意见法即对有代表性的娱乐消费者或市场进行调查，通常在现有的和潜在的消费者中进行，了解被调查者是否已经形成娱乐消费意图，或是否计划进行娱乐消费行为，从而及时决定娱乐企业经营动向。

4. 服务人员估计法

娱乐服务人员是最接近消费者的人员，因而对消费者娱乐消费动向和特点比较了解，他们的预测是较有价值的，往往能反映多数消费者的意见。这种方法是娱乐企业研究市场、进行市场经营预测必不可少的一个组成部分。

# 第二节　游艺厅服务

 **学习目标**

★ 了解维修保养的工作程序。

★ 熟练掌握游艺机的操作方法。

★ 熟练掌握游艺机的清洁方法。

★ 具备熟练地接待客人并提供规范服务的能力。

 **技能目标**

★ 能演示游艺厅服务程序和要求。

 **相关知识**

游艺厅是一种为客人提供自娱自乐服务的重要娱乐活动场所。游艺厅的主要设备为游艺机。游艺机最早出现在西方国家，早期使用的是结构比较简单的手动游艺设备，如投球、套圈之类。后来又出现了由游艺者操纵电器开关控制电动机等运动的游艺机，这个时期的游艺机叫电动游艺机。再后来，由于电子科技高速发展，特别是电子计算机的普及和提高，促进了电子游艺机的产生和发展。初期是研制出能在电子计算机上玩的游艺软件供个人娱乐，不久又研制出专用的游艺软件和只能使用这类软件的电子计算机硬件，这就是目前正在流行的电子游艺机。由于游艺机的趣味性、娱乐性极强，节目类型很广，内容量很大，几乎对所有年龄段的客人都具有很大的吸引力。游艺机体积较小、占用的空间不大，不受气候、季节限制，并且单台机器的价格成本很低，但经济效益较高，在饭店已十分普及。

## 一、游艺机的分类

### 1. 普通电子游戏

普通电子游戏主要是指由电子芯片控制的枪战类游戏、投篮游戏、滚球得分游戏、桌上冰球、拼图板和各种按钮控制的机械手柄等。

### 2. 电子模拟机

电子模拟机的特点是给人以视觉、听觉包括触觉的综合刺激作用。它逼真地模仿各种游戏过程在真实情况下给赛手带来的感觉。如驾驶汽车、摩托车、飞机和宇宙飞船所进行的比赛和各种战斗，游戏者不仅可从屏幕上看到道路情况、对手情况，座与人体接触的部分也会随之振动、颠簸，使人产生身临其境的刺激感。如汽车驾驶模拟机，它的模型和真实汽车操作上十分相似，车上的很多机构、按钮都一样可以移动，"汽车"的前方和四周放映着全景电影，客人坐在驾驶座上做着各种动作，电影上出现上下坡、坑洼、下雨、黑夜、与其他汽车交会、拐弯等画面，这一切都与真实的情况一样，只是汽车模型并没有移动。计算机会记录并做出评判，显示分数成绩，如图 3-5、图 3-6 所示。

图 3-5　电子模拟机（一）　　　　　图 3-6　电子模拟机（二）

### 3. 计算机游戏

计算机游戏是在普通的计算机终端上利用各种游戏软件进行游戏。一般的电子游戏都是客人购买游戏币，按规定的数量投入机器，游戏就开始了。当游戏规定的时间、分数到了，游戏活动也就结束了，如需继续游戏，必须重新投币。而计算机可储存游戏者的姓名和游戏的成绩，还可以与其他游戏者联网作战，进行竞技，只要不是彻底失败，游戏者就可以保留游戏，下次继续，这样就提高了游戏者的兴趣和刺激性。

## 二、游艺厅的服务程序

### 1. 营业前的准备工作

（1）清扫游艺机房及公共区域，认真细致地检查设备和用具，保证其处于完备状态，能正常使用。

（2）核对并补充纪念品，准备游戏币。

（3）接通所有游艺机的电源，并打开游戏机的开关。

### 2. 营业中的接待工作

（1）客人进入游艺厅时，服务人员要主动问候，引领客人到服务台兑换游戏币。

（2）在接待不熟悉游艺机操作的客人时，要耐心地讲解游戏方法，并进行必要的示范。

（3）根据客人需要，提供饮料、小食品，账款当面点收。

（4）在客人获奖时，服务人员要及时检验、开单，并向客人祝贺，按规定发放奖品，填写电子游艺厅纪念品发放记录。大奖要由领班或主管签字。

（5）服务人员要注意及时检查机器的运行状况，发现故障迅速排除。

（6）客人娱乐活动结束后，如有未用完的游戏币，服务人员应引导客人到服务台将其兑换为现金。主动与客人道别，欢迎客人再次光临。

### 3. 营业结束后的整理工作

（1）服务员关闭所有游艺机设备的电源。

（2）清扫场地卫生，擦拭游艺设备，对接触较多的游艺机手柄要进行必要的消毒。

（3）清点游戏币、纪念品，统计收入，填写报表，钱款上交财务部门。

（4）再次检查设备电源是否关闭。关闭照明电源，关窗锁门。

## 三、服务要点和注意事项

（1）服务员要熟悉各种游艺机的操作及游戏技巧，为客人提供示范服务，激发客人的游戏兴趣。

（2）定时巡视，发现故障迅速排除。发现事故隐患，及时上报并排除。

# 第三节　棋牌室服务

## 学习目标

★ 熟练掌握各种棋牌用具的游戏规则和使用方法。
★ 熟练掌握棋牌室场地的卫生清洁工作内容与方法。
★ 具备熟练地接待客人并提供及时、周到服务的能力。

## 技能目标

★ 能演示棋牌室服务的工作程序与要求。

## 相关知识

棋、牌是中国人很喜爱的一个娱乐项目，多数饭店康乐部都设有棋牌室。棋牌是客人借助一定的场地设施和设备条件，在一定规则的约束下运用智力和技巧进行比赛或游戏，因此具有趣味性、娱乐性、益智性和普及性等特点。棋牌室设备简单，投资不大，主要是为客人提供专用的桌椅和质地优良的棋牌用具。近年来，科学技术运用到娱乐领域，棋牌室也改变了以前的简单手工状态，出现了一些电子棋牌设备，如自动麻将机、计算机国际象棋等，如图 3-7 所示。

图 3-7　棋牌室

## 一、棋牌室主要设施设备

### 1. 麻将

麻将是中国传统的游戏项目，在中国、日本等国非常流行。在游戏中洗牌、码牌需占一定的游戏时间，自动麻将机的出现解决了这一问题。在精制的四方形麻将机下面，装有电动洗牌机，内有两副麻将牌。按电钮后，机器把牌洗匀，自动摆好牌，然后从四边抬上桌面，就像人工摆放的一样，如图 3-8 所示。

### 2. 国际象棋

国际象棋是融科学、文化、艺术、竞技为一体的智力体育项目。它有助于开发智力，培养逻辑思维和想象能力，加强分析能力和记忆力，提高思维的敏捷性和严密性。

国际象棋棋盘呈正方形，由纵横各 8 格，颜色一深一浅交错排列的 64 个小方格组成。深色格称黑格，浅色格称白格，棋子就放在这些格子中移动。棋子共 32 个，分为黑白两组，各 16 个，由对弈双方各执一组，兵种是一样的，分为六种：王（1）、后（1）、车（2）、象（2）、马（2）、兵（8）。在正式比赛中，国际象棋子采用立体棋子，非正式比赛中可以采用平面图案的棋子，如图 3-9 所示。

图 3-8　麻将机

图 3-9　国际象棋

### 3. 中国象棋

象棋是中国传统棋种之一，源于中国，现已传遍世界。它是在正方形的棋盘上以红黑两种棋子代表两军对垒的智力游戏，双方各有 16 个棋子，如图 3-10 所示。对局时，由执红棋的一方先走，双方轮流各走一着，以把对方将死或对方认输为止。下象棋能锻炼人的思维能力，培养顽强斗志，有益于身心健康。

### 4. 围棋

围棋是中国传统棋种之一（图 3-11），为两人对局，用棋盘和黑白两种棋子进行。有对子局和让子局之分，前者执黑子者先行，后者上手执白子者先行。开局后，双方在棋盘的交叉点轮流下子，一步棋只准下一子，下定后不再移动位置。围棋运用做眼、点眼、韧、围、断等多种战术吃子和占有空位，制胜对方。通常分布局、中盘、收宫三个阶段，每一阶段各有重点走法。终局时将实有空位和子数相加计算，多者为胜。也有只单计实有空位分胜负的。围棋对弈，千变万化，紧张激烈，既能锻炼人们的思维能力，又能陶冶性情，培养人们顽强、坚毅、冷静、沉着的性格。

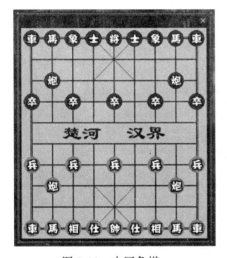 

图 3-10　中国象棋　　　　　　　　　　　　　图 3-11　围棋

### 5. 桥牌

桥牌是一种纸牌游戏，使用普通纸牌，共 52 张，分黑桃、红桃、方块、梅花 4 组花色，各 13 张牌，大小按 A、K、Q、J、10、9、8、7、6、5、4、3、2 的顺序依次递减。

桥牌四人分两组对抗，同伴相对而坐，如图 3-12 所示。打桥牌分"叫牌"和"打牌"两个阶段。叫牌有"单位制"和"计点制"等方法，用规定术语进行，可用任何一种花色作"王牌"（桥牌），也可不指定将牌而无将，并确定完成定约所需牌墩数（四人各出一张为一墩）。打牌时轮流出牌，同组花色中以大胜小；指定将牌时，将牌有特殊威力，可用来将吃；打无将时，只能在同一花色内比大小，若跟不出同样花色时，只能垫牌。完成定约所需的牌墩数者得分，否则罚分，得分多者为胜。

图 3-12　桥牌

## 二、棋牌室的服务程序

1．预订服务

（1）接到预订电话后，服务员要主动介绍棋牌室的情况和价格。

（2）记录预订人的姓名、电话、使用时间和房号（住店客人）。

（3）向客人重复一遍以确认，说明保留预约的时间，并做登记。

2．营业前的准备工作

（1）整理好棋牌室及公共区域的卫生工作。

（2）认真细致检查棋牌室的设备、用品，保证能正常使用。

（2）准备好纸笔供客人记分使用。

3．营业中的接待工作

（1）主动向客人问好，如有预订，则按预订内容安排；如未预订，询问客人的需求，进行安排。收取押金，计时开单。

（2）为客人打开房间，迅速准备好游戏用具。

（3）为客人提供酒水饮料，并定时清理房间、更换烟灰缸、续水。

（4）定时巡查房间，询问客人是否需要服务。发现设备故障，立即维修或报修。

（5）客人娱乐结束后，立即清点棋牌，将棋牌放入盒内。准确开具账单，钱款当面点清，并致谢，欢迎客人再次光临。

（6）客人离开后及时清理房间。

4．营业结束后的整理工作

（1）整理好所有棋牌娱乐用具，放入吧台。认真填写交接班记录，做好棋牌室的卫生清理工作。

（2）核对当日营业单据，填写报表。

（3）切断所有电器的电源，关好门窗。

## 三、服务要点和注意事项

（1）棋牌室要求相对安静，进入房间服务时应先敲门，服务完后应立刻离开，不宜参与客人讨论牌局，更不能参与游戏。

（2）及时更换烟灰缸、垃圾桶，以免烟头、垃圾等物烫坏、污损地毯。

## 案例分析

### 棋牌室的设备故障

7月的一天，骄阳似火，酷热难耐。大多数客人在这么热的天气下，都没有出去游玩，选择了留在饭店里面。一组客人想到饭店的棋牌室去玩几圈麻将，进棋牌室后觉得棋牌室室温偏高。客人张先生就打开空调，想降温，可是怎么拨弄，空调都不管用。于是同行的王先生就找到了棋牌室的服务员报修。

不一会儿，服务员小林就带着维修工来到棋牌室。维修工来回拨动了几下空调开关，空调通风口上便吹出冷气。

小林想可能是由于客人操作上的失误导致了空调暂时的失灵，可是照顾到客人的面子又不能直接告诉客人这空调没有坏。于是小林想了一下，对客人笑着说："空调刚刚只是有点小毛病，现在已经完全修好了。谢谢您给我们及时提出来。"王先生和张先生也笑着说："没事没事，下次注意一下就行了。"高兴地把小林送出了房间。

问题：

1. 如何看待对客服务中的"善意的谎言"？

2. 服务员小林的方法可取吗？你觉得哪些做法值得借鉴？

3. 还可以采取哪些措施尽量避免冲突事件的发生？

# 本　章　小　结

本章所涉及的几个项目都属于娱乐休闲项目，其特点是能使消费者在精神上得到放松和产生愉悦。与康体休闲项目相比较，这一类娱乐休闲项目一般体力消耗较少。因此康乐部的服务人员应该根据项目自身的特点熟悉并熟练掌握其项目服务要求、项目服务注意事项等。本章所提到的关于一些具体的娱乐休闲项目设置篇幅还十分有限，难以满足具体操作要求，因此读者在实践中可根据需要找一些参考书作为补充。

# 实 训 操 作

## 【实训项目】

KTV 休闲服务技能。

## 【实训目的】

通过实训，使学生熟悉掌握 KTV 服务的基本步骤，准确操作各种设备，掌握酒水、食品推销知识，为客人提供及时、周到的服务。

## 【实训内容】

（1）教师示范讲解。

（2）将学生分成若干小组，每组 3 位同学，1 位模拟服务人员，其余 2 位模拟顾客。

（3）转换角色，轮流进行，找出问题。

（4）形成电子版实训报告。

## 【实训要求】

（1）严格出勤，认真履行请销假制度。

（2）每位同学必须参与。

（3）掌握 KTV 设备的使用。

（4）服务仪态端庄大方，精神饱满，操作熟练。

# 本 章 习 题

1. 经营歌舞厅应注意哪些方面？

2. 歌舞厅有哪些类型和特点？

3. 为获奖客人发放纪念品时应注意哪些问题？

4. 棋牌室营业结束后，主要的整理工作有哪些？

# 第四章 保健项目的经营与管理

## 课程导入

北京一家饭店的健身中心设备先进，服务优良，不少客人慕名光顾，其中洗桑拿浴的客人较多。这天安全巡视是小李当班，她一路观察未发现异常情况，接着来到女部三浴室，在桑拿浴室里，她发现一位女客人脸色惨白，斜倚在板壁上，头耷拉在胸前，四肢不停地抽搐，职业的敏感性告诉小李，这位客人的症状是由桑拿浴室的高温缺氧所致，这是十分危险的，稍一拖延便会危及生命。小李立即唤来服务员小王，两人一起将已昏迷不醒的客人抬出桑拿浴室，平放到四面通风的安全处。小李又让其他服务员与经理联系，报告情况，并请饭店医生迅速前来抢救。同时，与急救中心联系，请求派救护车送往医院。上述工作都是在短短几分钟内完成的。客人在饭店医务人员的及时抢救下，逐渐恢复了知觉，已经基本脱险。此时，饭店外响起急促的救护车铃声，急救中心大夫及时赶到。经医院诊断客人是因为桑拿浴室的高温环境心动过速，引发了原有的心脏病。由于发现及时并进行了有效的抢救，客人才脱离了生命危险。

请你思考：

1. 小李在处理客人意外情况的时候，都采取了哪些措施？
2. 从以上案例中得到什么启示？今后工作中应注意什么？

## 第一节 桑拿浴服务

## 学习目标

★ 熟练掌握桑拿房设备设施的操作方法。

★ 熟练掌握桑拿场地的卫生清洁工作内容与方法。

★ 具备熟练地接待客人并提供细致周到服务的能力。

## 技能目标

★ 能演示桑拿浴服务的工作程序与要求。

## 相关知识

桑拿，英文的音译，是芬兰一种富于民族风情的沐浴法，故亦称为"芬兰浴"。至今已有两千多年的历史。在沐浴过程中将室内温度升高至 45℃以上，使沐浴者犹如置身于沙漠，被暴烈的太阳干晒，体内水分大量蒸发，达到充分排汗的目的。客人洗浴时，先用温水淋浴，将身体擦洗干净，女士要卸妆。进入温水池浸泡片刻，使毛孔、血管扩张，然后进入桑拿浴室蒸 10~15 分钟，感到全身排汗或太热时出来，进入冷水池中浸泡或用冷水淋浴，然后再次进入桑拿浴房，如此反复 3 次左右，最后将全身洗净，或在温水池浸泡一会儿后进入休息室休息。整个过程很消耗体力，排汗的同时，也会排出油分，有很好的减肥效果。差别强烈的冷热刺激促进了全身皮肤的深呼吸，使体内的无用物质和有害物质随着皮肤的呼吸排出体外，促进了血液循环，加速新陈代谢，从而起到清除体内垃圾、保健身心和美容、美肤的作用。

桑拿浴是在木制的桑拿房进行的。房间内有木条制的休息床和枕头，墙上有防水的照明灯、温度计、湿度计、计时器。地板也是由木条制成，可以排水。浴室有观察窗，便于服务员观察室内客人的状况以防不测。豪华的浴房有专用的音响系统，提供背景音乐，甚至还可以模拟大自然的阴晴风雨而创造出不同的环境，客人仿佛置身于大自然中。桑拿炉是通过电热载石盒，加热装在炉中的桑拿石，使室温迅速升高，而使客人蒸浴。先进的桑拿炉配备了全自动电子恒温控制器，能根据客人的需要随时调节室温和保持室温。桑拿房中有桑拿木桶和木勺等配件，在洗浴的过程中客人不断地用木勺舀水泼到桑拿石上，水碰到火红滚烫的石头后立刻变成水蒸气弥漫在空气中，用来调节湿度的大小。桑拿浴是一种既时尚又保健的休闲方式，颇为现代人士所喜欢。

## 一、桑拿浴的分类

桑拿浴按是否用水分为干桑拿与湿桑拿两种。

### 1. 干桑拿（芬兰浴）

干桑拿是传统的桑拿浴，也称芬兰浴。这种桑拿是在木屋进行的，在热炉子上烧烤特有的岩石，使其温度达到 70℃以上，然后往岩石上泼少量的水，以产生冲击性的蒸汽，来进行桑拿。这种桑拿能加快血液循环，使全身各部位肌肉得到完全放松，达到消除疲劳、恢复体力、焕发精神的目的。同时它对风湿症、关节炎、腰背痛、哮喘、支气管炎、神经衰弱等均有一定疗效。

　　2．湿桑拿（土耳其浴）

　　湿桑拿也称土耳其浴，它是利用浴室内的高温，使人大汗淋漓，再用温水或冷水淋浴全身，达到清除污垢，舒活筋骨，消除疲劳的目的。

　　土耳其浴的洗浴过程非常繁杂，客人在更衣室中卸下自己的衣物后，裹上大的浴巾走进宽敞的微温再生浴室中，坐在铺有被单的柳木椅上放松休息，被蒸烤 10～20 分钟，再走进一间较小的蒸汽浴室，温度可达 85℃左右，在里面蒸烤几分钟后，由服务人员带到房间按摩。按摩完后到一间温度约为 55℃的高温再生浴室中继续蒸烤几分钟，再以温水稍做冲淋，然后跳进水温 20℃左右的浴池中浸泡。浸泡完毕，几个服务员会手持双管的水龙头（一热水、一冷水）为客人冲洗。冲完后，由服务人员为顾客擦干身体后带到休息室，休息约半小时，最后由服务员以一种含有酒精的液体为客人按摩。

## 二、桑拿房主要设施设备

　　1．干桑拿室

　　干桑拿室（图 4-1）由瑞典白松木制成，这种木材在高温下不变形、不冒油，并能释放出特有的芳香，有各种标准型号供选择亦可不受固定尺码限制，通常为 1.5～7.5 平方米。房内主要设备有桑拿电炉，炉内有电加热蛇管及桑拿石，辅助设备有全自动恒温器、沙漏计时器、照明灯、温度计、湿度计、木制水桶和水勺等，还可以增加香熏材料，如艾叶等。灯光照明宜用暖色调，且用间接光，照度在 50 勒克斯。

　　2．湿桑拿室

　　湿桑拿室（图 4-2）材料选用无毒聚乙烯塑料。房顶应为弧形，以防冷凝水。有各种标准型号供选择，亦可不受固定尺码和形状限制，通常为 1.8～15 平方米，蒸汽浴加温源为蒸汽，由专用蒸汽发生器或饭店锅炉房提供。灯光用暖色调，照度为 50 勒克斯。辅助设备有全自动恒温控制器、墙灯（24 伏）、温度计等。

　　3．按摩池

　　通常设有 3 种不同水温的池子，即热水池（40～45℃）、温水池（25～30℃）、冷水池（4～8℃），称为三温暖。

图 4-1　干桑拿室

图 4-2　湿桑拿室

## 三、桑拿浴室的服务程序

1．营业前准备工作

（1）前台服务员整理手牌和更衣柜钥匙，补充客用毛巾，将已经消毒的拖鞋摆放整齐。

（2）浴室服务员做好桑拿浴房、淋浴间、休息区、更衣室、卫生间等清洁消毒工作，打开桑拿设备、调整好温度和沙漏控时器，并将木桶内的水盛满；及时补充浴油、浴服、洗浴用品。

（3）休息厅服务员做好休息厅及包间的清洁、整理工作。补充酒水和小食品。

2．营业中的接待工作

（1）前台服务员服装穿着要整齐，姿态端正、礼貌地接待每一位客人。

（2）主动询问客人的要求，向客人说明洗浴的费用标准。

（3）递送毛巾、手牌、更衣柜钥匙，并请客人更换拖鞋。提醒客人如有贵重物品，应存放在前台。对不熟悉环境的客人做出必要的介绍，引导客人进入浴室。

（4）浴室内的服务员主动与客人打招呼。为客人打开更衣柜，协助客人挂好衣物，提醒客人锁好更衣柜，引导客人入浴。

（5）客人在桑拿过程中，服务员应随时观察，根据客人的需求调节蒸房内的温度。客人在洗浴中如需搓澡等其他服务，需记录服务项目及手牌号，并请客人签字，记录单及时传到前台。

（6）客人浴毕要帮助客人擦净身体，送上浴服，请客人进入休息大厅或包间休息。

（7）休息厅服务员引导客人就座，并为客人盖上毛巾，递上棉签、纸巾，帮助客人调好电视节目。询问客人是否需要酒水和小食品。主动介绍其他配套服务，为其安排技师，记录好手牌号，并请客人签字，将记录单及时传到前台。图 4-3 所示为休息厅的一角。

图 4-3　休息厅

（8）客人准备离开时，浴室服务员帮助客人打开更衣柜，协助客人换好服装后，提醒客人带好随身物品，引领客人到前台结账。

（9）前台服务员根据手牌取出客人的鞋，交给客人，并迅速准确地计算客人的消费金额，请客人核对、结账。

（10）向客人道别致谢，欢迎下次光临。

（11）客人离开后，浴室服务员应该迅速地更换浴巾、清洁茶几、清洗烟灰缸，做好环境卫生及用品清理工作。

**3．营业结束后的整理工作**

（1）浴室服务员关闭所有设备电源；全面清洁整理浴室、更衣柜；对桑拿房进行消毒；清点客用品，填写报表及交接班记录。

（2）休息厅服务员关闭电视、音响等设备及电源；整理休息椅，清扫地面；清点客用品、小食品、饮料，填写报表及交接班记录。

（3）前台服务员整理手牌、更衣柜钥匙、拖鞋；清扫前厅地面，整理沙发、茶几；核对营业单据，填写报表，连同现金收入一起上交财务部门。

（4）切断所有电源、水源，关好门窗。

**四、服务要点和注意事项**

（1）对桑拿房的设备要坚持安全操作、合理使用和保养。

（2）营业中必须经常检测桑拿房内的温度以及温、热按摩池的水温，发现问题及时采取措施。

（3）客人进入桑拿房后，应每隔10分钟，从窗口观察一次，看客人是否有不适应的情况。

（4）有效劝阻患有皮肤病的客人进入浴室，劝阻高血压、心脏病患者进入桑拿房。

（5）要提醒客人随时带好手牌和更衣柜钥匙，手牌号是客人消费记账的依据，发现丢失，及时告知服务员及前台。

# 第二节　温泉浴服务

## 学习目标

★ 掌握温泉服务的基本步骤，熟知温泉资源的种类和保健知识。

★ 熟练掌握温泉场地的卫生清洁工作内容与方法。

★ 具备熟练地接待客人并提供细致周到服务的能力。

## 技能目标

★ 能演示温泉服务的工作程序与要求。

## 相关知识

温泉是地壳深处的地下水受地热作用而形成，如图 4-4 所示，一般含有多种活性作用的微量元素，有一定的矿化度，泉水温度常高于 30℃以上，温矿泉水具有医疗保健作用。是通过物理作用和化学作用两个方面来实现的。其物理作用是指通过温泉的温度、热度、浮力、静水压力、摩擦等方式，对身体的神经末梢产生刺激，通过神经体液的反射作用，对疾病发挥治疗作用。温度、热度对皮肤、心脏、呼吸、胃肠、肾的功能，血液系统、物质代谢、神经系统、肌肉系统、免疫系统、汗腺分泌功能均有很大的影响。温泉的水热作用直接刺激肌肤而使皮质毛细血管扩张，使人体迅速吸收温泉中的各种有益物质和微量元素，从而加强血液循环、增进供血能力，促使汗液排泄，排解体内有害的代谢产物和毒性物质，从而对大脑皮质激起兴奋—抑制过程，起到调节神经系统、舒缓经络，改善心血管功能，促进胃肠蠕动与排空，增进液腺分泌，加强消化系统功能的作用。

图 4-4　温泉

## 一、温泉的种类

（1）单纯温泉。此类温泉是缓和性温泉，其所含矿物质虽然少，但因温度常年不变，故治疗效果亦佳。因水温不同，其作用与治疗的疾病也有所不同。

（2）碳酸泉。这种矿泉的主要成分为游离二氧化碳，其含量在 1 克/升以上时称为碳酸泉，是一种无色透明稍有辣味的泉水，其主要医疗保健作用有：改善心血管功能，改善血液循环，降血压；治疗皮肤病，如慢性湿疹、神经性皮炎、银屑病等；治疗代谢性疾病，如糖尿病、痛风、肥胖症等。

（3）硫黄泉。又称硫化氢泉，因为硫黄泉的主要成分为硫化氢。其显著特点是走近温泉，即可闻到臭蛋气味。硫磺泉的主要保健医疗作用有：具有软化皮肤、溶解角质、灭菌、杀虫作用，对各种皮肤病有较好的治疗效果；可使自主性神经系统兴奋活跃，对需要兴奋的患者有益，如神经损伤、神经炎、肌肉瘫痪等；能促进关节浸润物的吸收，缓解关节韧带的紧张，适用于各种慢性关节疾病；因泉水中所含胶状硫黄分子微小，易进入体内组织，起到类似触媒作用，使体内的废物由皮肤和肾脏排出体外，所以，硫黄泉对代谢性疾病也有一定作用。

（4）氯化钠泉。多位于沿海地区或古海水埋藏地带，广东的珠海、中山、湛江等地多属这类温泉，低浓度的温泉与淡温泉作用相似，而高浓度的温泉浴疗则具有特殊作用：氯化钠能刺激皮肤，促进组织生长；促进新陈代谢；镇静神经；加速关节功能的恢复。

（5）碘泉。碘是生命所必需的物质，能明显地激活机体的防御功能。碘离子可通过皮肤进入人体内，浴后血中碘含量增加。对各种炎症都有显著消炎及促进组织再生作用。同时，又能降低血脂，使脑磷脂明显下降，有预防血栓形成的作用。

（6）铁泉。有硫酸铁泉和碳酸铁泉两种。硫酸铁泉的收敛作用更明显，对慢性风湿病、妇科炎症、营养不良、下肢溃疡、皮肤及黏膜病等有治疗作用。

（7）氡泉。不少人对"氡"这一惰性气体不了解，认为它具有很强的放射性以致会诱发肺癌等病症。其实只有高剂量的氡在铀矿场内，才有诱发癌症的可能性。而与此形成鲜明对照的是，"氡"泉能治疗多种疾病。经研究表明：氡能有效治疗如慢性支气管炎、哮喘、便秘、胃痉挛、胆结石、慢性肠炎、痛风、神经衰弱、失眠、各种神经痛、末梢神经炎、荨麻疹、冻疮等病症，对心律和血压的调节更能起到立竿见影的疗效！

## 二、泡温泉步骤

（1）探试池温。先用手或脚探测泉水温度是否合适，千万不要一下子跳进温泉泳池中。

（2）脚先入池坐在池边，伸出双脚慢慢浸泡，接着用手不停地将温泉水泼淋全身，最后时不时让全身浸入到泉水里。

（3）先暖后热。温泉区内设不同温度的泳池，从低温度泉到高温度泉浸泡要循序渐进，逐步适应泉水温度。

（4）掌握时间。一般温泉浴可分次反复浸泡，每次为20～30分钟，如果感觉口干、胸闷，就爬上池边歇一歇，做一做舒展体操运动，再喝一些蒸馏水以补充水分。有些人喜欢让全身泡得通红，但要注意避免出现心跳加速、呼吸困难的现象。

（5）按摩配合。适当的穴位按摩会加强温泉保健的功效，对一些疾病有明显的治疗作用。

（6）注意冲身。尽量少用洗发水或沐浴液，用清水冲身则可。

## 三、泡温泉注意事项

（1）温泉泳或温泉浴是一项中等强度的体育运动，加上温泉有加快血液循环的功效，所以身心可得以全面减压和放松，灵敏度和注意力有所下降，自驾车人士一定要休息 2 小时以上才可以驾车上路。建议游客参加旅行社的温泉保健团，安全有保障，劳逸结合，在旅游车上可以很快进入梦乡。

（2）患有急性病症、出血症、传染病、重症心脏病、晚期高血压、恶性肿瘤等病患者将被谢绝浸泡温泉。轻度患者应在医生指导下进行温泉治疗。

（3）请勿酒后进入温泉，这样很容易醉酒或出现其他不适症状。

## 四、温泉浴的服务程序

### 1. 营业前的准备工作

（1）清理温泉池边的瓷砖、游泳池、按摩池、淋浴间等地面，用消毒液按 1:200 兑水后对池边躺椅、坐椅、圆桌、更衣室长椅等进行消毒。

（2）整理吧台，准备足量的酒水、小食品。在池边撑起太阳伞、竖起酒水牌。

（3）检查更衣柜的锁和钥匙、淋浴的冷热水开关。补充好更衣柜里的洗浴用品，如大浴巾、小浴巾、毛巾、淋浴液、洗发液等。

### 2. 营业中的接待工作

（1）主动与客人打招呼，表示欢迎。进行验票，准确记录客人的姓名、房号（住店客人）、到达时间、更衣柜号码。办理押金手续后，发给客人手牌、更衣柜钥匙，请客人换鞋。提醒客人如有贵重物品，应存在前台。对不熟悉环境的客人做出必要的介绍，指引客人进入更衣室。

（2）对有温泉禁忌证及皮肤病的客人应谢绝入内，并提醒患有心脏病、高血压等病的客人，不宜下水。

（3）更衣室服务员应主动为客人打开更衣柜，协助客人挂好衣物，提醒客人锁好更衣柜。请客人进入温泉池前先淋浴洗净身体。

（4）及时整理温泉池边用过的浴巾，并为出浴的客人准备干浴巾。

（5）泳池救生员密切注视水面，发现异常，立即施救。

（6）服务人员根据客人的需要适时提供饮料和小食品。

（7）客人浴毕，更衣室服务员要帮助客人擦干身体，送上浴服，请客人进入休息大厅或包间休息。

（8）休息厅服务员引导客人就座，为客人盖上毛巾，并递上棉签、纸巾、帮助客人调好电视节目。询问客人是否需要酒水和小食品。主动介绍其他配套服务，为其安排技师，记录好手牌号，并请客人签字，将记录单及时传到前台。

（9）客人准备离开时，更衣室服务员帮助客人打开更衣柜，协助客人换好服装后，提醒客人带好随身物品，引领客人到前台结账。

（10）前台服务员根据手牌取出客人的鞋，交给客人。并迅速准确地计算客人的消费金额，请客人核对、结账。

（11）客人离开时，提醒客人带好自己的东西。主动道别，欢迎下次光临。

3．营业结束后的整理工作

（1）做好清场工作。核对钥匙、手牌，将钥匙分好单、双，登记在交接班记录上。

（2）吧台清点酒水和小食品，做好报表。

（3）将所有用具，放到指定地点。进行池水净化和消毒。

（4）安全检查后，关闭电源，锁好门窗。

## 五、服务要点和注意事项

（1）严格执行温泉服务的安全规定，在明显处竖立提示牌。礼貌劝阻客人违反安全规定的行为。

（2）坚守岗位，思想集中，密切关注客人的情况，保护好客人的安全。

（3）适时地为客人递送毛巾、饮料、小食品等。

（4）休息区、更衣室服务员应为客人提供周到的服务，并提醒客人保管好贵重物品。

 补充提高

## 千奇百怪全球洗浴文化

1．芬兰蒸汽浴

芬兰浴英文叫 SAUNA，中文音译成桑拿。桑拿是蒸汽浴，以前芬兰人选用桦树的小树枝鞭打自己，抽得满身都是血痕，由此达到清洁效果。

2．日本温泉澡

说起洗温泉，全世界大概日本人最好此道了。日本本土境内多火山，温泉也多，东京北部的仙台市近郊有一个著名的温泉，每逢周末假日，日本人就成群结队到此。

日本人洗温泉的方法有四种，各有特色。普通办法是将全身浸在40℃的泉水中。还有的是做一些水管，从高处将温泉引下来，人站在底下淋，让热水拍打在身体上起到按摩的作用，消除酸痛。也有将温泉冒出的热汽或蒸汽引导到房间里，人再进去蒸一蒸，或者用温泉水和些泥巴，把身子放进泥中进行"泥浴"。还有一些温泉地，沙子也是热的。日本人就挖一个洞，把身子埋进去蒸上 5 分钟，等到冒汗再爬出来，这种叫沙浴。在日本海边也有些温泉，涨潮时淹没，退潮时就显现出来，日本人会在海边挖个池子储存温泉，年轻人特别喜欢这种海边泉。

### 3. 罗马尼亚泥澡

今天，洗澡的方式千奇百怪。有人从河里挖出黑糊糊的烂泥巴，抹遍全身，只露出两只眼睛，然后跑到太阳下晒干，让皮肤有收缩的感觉，东欧的罗马尼亚人特别爱洗这种泥浆澡。美国有一家澡堂的老板，用挖土机从池塘里挖出大堆烂泥巴，送到浴室的大浴桶里，然后在底部加热，沐浴者在里头躺上个把小时，据说能收缩皮肤，美容养颜。

### 4. 美国加利福尼亚热桶浴

在加州一带有一阵子很流行热桶浴，用大木桶烧水，男女共浴，一时蔚然成风。但是泡在木头做的桶子里，有的人脚底受不了高温以致被烫伤，浸太久还会头晕，甚至发生过昏厥的意外事件。

### 5. 我国台湾茶浴

我国台湾有茶浴，专做日本观光客的生意。所用的茶叶是制茶时碾碎的叶柄和叶片。

# 第三节　足浴服务

## 学习目标

★　了解足浴一般专业技术知识。
★　熟练掌握足浴场所的卫生清洁工作内容与方法。
★　具备熟练地接待客人并提供优质服务的能力。

## 技能目标

★　能演示足浴服务的工作程序与要求。

**相关知识**

　　医学上把热水洗脚称为"足浴"（图 4-5），是一种十分简单易行的自我锻炼保健的好方法。祖国医学认为：人体五脏六腑在脚上都有相应的投影，就是说，脚上的几十个穴位都与五脏六腑有着密切的关系，如图 4-6 所示。用热水洗脚，可使脚上这些联系脏腑的穴位受到刺激，从而起到类似针灸的作用，以促进气血畅通，就会使人耳聪目明。因此有这样一首民谣："春天洗脚，升阳固脱；夏天洗脚，暑湿可祛；秋天洗脚，肺润肠濡；冬天洗脚，丹田温灼。"

　　脚掌上还密布许多血管，神经末梢丰富。国外有的科学家把脚掌称为人的"第二心脏"。所以经常足浴非常有利于健康，足浴保健在今天已是蔚然成风。

　　足浴时，水温宜在 40～45℃，应让水把脚踝全部淹没。一般浸泡 5～10 分钟后，再用双手在脚趾及脚心处揉搓 2～3 分钟。多活动大脚趾，可舒肝健脾，增进食欲。第四趾属胆经，经常按摩可防止便秘、肋骨痛。小趾属膀胱经，能矫正女子子宫体位。脚底涌泉穴属肾经，常按摩可强肾。照此方法，经常进行足浴，即可达到治疗疾病的目的。用中药浸泡加之按摩效果更佳。

图 4-5　足浴

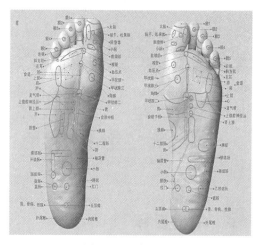

图 4-6　足部反射

## 一、足浴的服务程序

　　1. 营业的准备工作

　　（1）做好清洁卫生工作。保持足浴区、休息区、卫生间及一切家具、设施的整洁美观，对洗脚器具进行必要的消毒。

（2）准备好浴足用品和热水。

2. 营业中的接待工作

（1）客人进门后，应热情、礼貌地向客人打招呼。

（2）向客人说明足浴服务的时间和收费标准，按客人的要求合理安排技师，准确无误地给技师计算服务时间。

（3）技师将客人双足浸于富含天然中草药和草本精华素的浴盐之中。按摩肩背肌肉，滑到关节，缓解颈椎、腰椎劳损。浸足的同时，敲打放松腿部肌肉。

（4）利用刮脚刀去除脚掌及脚趾缝中的死皮，之后用热毛巾包起，保持温度。

（5）涂按摩膏进行按摩。按摩力度可根据客人的耐受程度来调整，手法有搓、揉、按、敲、捏等，达到酸痛才生效，又称"先痛后快"。通过按摩可检测出相应反射区的不良症状，如胃不适、失眠等，利于预防和治疗。

（6）热敷，放松肌肉，促进按摩膏吸收，滋润肌肤，然后覆盖热毛巾保温。

（7）敲打腿部及脚底几处重要穴位，活络舒经，最后再次按摩腿部。

（8）客人足浴结束后，要帮助客人擦净按摩膏，穿上袜子，让客人休息。

（9）送上饮用水和消费凭单，请客人签字确认，主动询问客人对服务的满意度。

（10）客人离开时，请客人到服务台结账，并向客人道别，欢迎下次光临。

（11）及时清理足浴区的卫生，换上已消毒的卧具，准备接待下一位客人。

3. 营业结束后的整理工作

（1）全面做好营业区卫生清扫工作，对浴足用具进行消毒。

（2）清点客用物品，及时清洗用过的毛巾并消毒。

（3）核对当月营业单据，填写报表。

（4）切断所有设备的电源，关好照明灯具和门窗。

## 二、服务要点和注意事项

（1）泡脚时应随时询问客人对水温的要求，调节水温。

（2）严格按照足浴的步骤为客人提供足底按摩服务，并主动询问客人对按摩手法和力度的意见，及时做出调整。

（3）在足浴期间，为客人提供饮用水，并随时清理烟灰缸。

# 第四节 按摩服务

 学习目标

★ 了解按摩一般专业技术知识。

★ 熟练掌握按摩场地的卫生清洁工作内容与方法。

★ 具备熟练地接待客人并提供优质服务的能力。

 技能目标

★ 能演示按摩服务的工作程序与要求。

 相关知识

按摩是利用双手、肘、足或器械进行的各种操作,以提高和改善人体生理功能,消除疲劳和防治疾病的一种方法。

按摩源于中国,是中国传统医学(中医学)中的重要组成部分,在中医学里又称"推拿",有着悠久的历史,最早起源于3 000年前,中医经典著作《黄帝内经》就记载了12种推拿手法及其不同应用。中医认为在人体中有一个"经络系统",从体内脏腑至皮、肉、筋、膜、骨,经络无不贯穿纵横其间,有运行气血、沟通内外、联络脏腑、贯穿上下的作用。人体通过经络系统把各个组织器官连成一个有机的整体,以进行正常的生命活动。

按摩就是根据脏腑经络、营卫气血等学说,运用不同的按摩手法,按穴道、通经络,以改善经络的功能活动,调节营卫气血,并通过经络的传导作用,调整脏腑组织器官的功能,从而扶持正气、祛除邪气,达到保健、防病和治病的目的。

## 一、按摩的类型

按摩的方式多样,现今较流行的有港式按摩、中式按摩、泰式按摩、足部按摩等。

### 1. 港式按摩（也称推油按摩）

港式按摩主要是针对人体全身的穴道进行指压按摩，范围包括头、颈、肩、臂、腹、胸、背、腰、足等多处。穴道是人体脏腑经络气血输注于体表的部位，通过对经络穴位的按压，达到平衡机体能量及增进健康的目的。当经络失去平衡时，精气可能不足或过剩，进行经穴按摩，具有缓和调节功能的作用，使精气重新平衡，身体可自行康复。经穴按摩有缓慢流畅的抚摩，也有揉捏和摩擦，然后再用推、揉等手法按摩。

### 2. 中式按摩

中式按摩（图 4-7）是饭店按摩室最多见的服务项目，中式按摩强调中医的保健功能。按摩部位以脊柱两侧的经络和全身各部位经穴为主。按摩师用手对身体、头部、手及脚进行抚摩、按压及叩击，这种按摩不只限于皮肤，还可深达肌肉、骨，其动作较慢也更深沉，有益于增强和放松肌肉，有助于静脉回流，促进淋巴循环，加强关节的结构组织；在精神方面，能消除紧张和焦虑，有助于强化身体的整体意识。达到治病、放松、健身的目的。

### 3. 泰式按摩

泰式按摩（图 4-8）是流行于泰国的一种按摩方式，是由我国的传统按摩手法演变而来的，泰式按摩采纳了人体经络的理论，认为经络通则气血通，气血通则通体舒泰。它的按摩部位以全身的关节为主，手法简练而实用，是保健的较佳手法之一。泰式保健按摩是跪式服务，左右手交替动作，用力柔和、均匀，速度适中，依顺序进行。浴后经泰式保健按摩，可以使人快速消除疲劳，恢复体能，还可增强关节韧带的弹性和活力，恢复正常的关节活动功能，达到促进体液循环，保健防病，健体美容的功效。

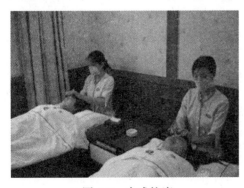

图 4-7　中式按摩

图 4-8　泰式按摩

### 4．足部反射区按摩

足部反射区按摩简称足按摩或足疗。根据反射学的原理和生物全息律的理论，人体全身的脏器，都能在足部找到一个固定的反射区，足按摩区分足底、足两侧、足背、小腿等120多个反射区。采用不同手法按摩这些反射区，根据它们的反应，就能初步诊断客人的身体状况。然后，再进行有针对性的按摩。可调整相应器官的功能，促进血液循环，调节内分泌功能，达到保健的效果。

### 5．日式按摩

日式保健按摩的基本特点是指压。它是以肢体或手指作为支撑架，利用自身的体重，向肢体的中心部位垂直施力，从而达到促进人体皮肤的新陈代谢，增加皮肤的弹性，避免色素沉着，减少皮肤皱纹；加速人体淋巴液的回流，提高人体的免疫力，降低发病率；促进肌肉的收缩和伸展，缓解疼痛，消除人体的疲劳；改善人体的血液循环，降低血液的黏稠度，预防和减缓血管硬化的效果。

### 6．韩式按摩

韩式保健按摩又称韩式松骨，它汲取了中式、泰式、日式、港式的按摩精华，以拿为主，提、拉为辅。对人体施以沉缓的力度，温柔的语言动作，及独特的跪背、脸部护理、叩耳、修甲，全套2小时的服务使客人全身心地放松。

### 7．香熏按摩

香熏按摩将高香度的植物花瓣、枝叶，经过提炼，通过人体毛孔的吸收，渗透至皮下脂肪，甚至可直达血液，通过血液循环来发挥其治疗作用。主要有按摩法、吸入法、沐浴法、热敷法、蒸熏法、口服法等。

## 二、手法的压力和作用时间

### 1．按摩方向

按摩时应先按摩上部，再按摩下部，即从头、颈、背、胸、上肢、下肢的顺序进行，一般都应沿着经络的走向进行按摩。按摩时宁失其穴，勿失其经。

### 2．手法压力

按摩手法作用于客人肢体时的压力须适当，否则会影响效果。压力的轻重须根据按摩部位和客人的体质、健康状况等情况来决定。一般肌肉丰厚的腰臀部手法压力可适当重些，项背部、四肢部次之，头面部和胸腹部手法压力较轻。手法用力应先轻后重，再由重到轻，且应具有渗透力。按摩时要随时观察客人的反应，询问其感觉，以便及时调整手法强度。

3．作用时间

在以手法按摩保健时，须多长时间才能达到治疗效果，这要根据客人的健康状况、体质和运用何种手法而定。时间过短，不能达到满意的效果；时间过长，也可能引起不良反应。一般以 10～15 分钟为宜。

## 三、按摩的服务程序

1．营业前的准备工作

（1）做好服务台、按摩室、休息区、卫生间的清洁卫生。

（2）认真细致地检查按摩室设施、设备，保证按摩设施的卫生，保持各种设备完好。

（3）准备好各种客用物品，精神饱满地准备迎接客人。

2．营业中的接待工作

（1）服务员应主动问候客人，安排房间。介绍按摩的种类和特点，耐心、细致地帮助客人选择按摩项目。

（2）准确记录客人的洗浴手牌号、使用时间，并安排按摩技师。

（3）按摩技师在接到服务的指令后，应马上携带所需用品到达指定的房间，为客人提供服务。

（4）技师应做到按摩部位、穴位准确，力度掌握适当。

（5）细致观察客人反应和面部表情，按客人的要求调整按摩力度。

（6）按摩完毕，及时递上热毛巾，询问客人是否需要饮水，请客人休息。

（7）请客人在工作单上签字，向客人致谢，然后将工作单及时送到前台。

（8）客人离开时，服务员要礼貌道别，并欢迎下次光临。迅速做好整理清洁工作，对客用物品进行消毒。

3．营业结束后的整理工作

（1）做好休息大厅、包间、吧台、卫生间的清洁工作。

（2）清点客用物品，填写营业报表及交接班记录。

（3）锁好备用柜，关闭所有电器设备，关窗锁门。

## 四、服务要点和注意事项

（1）按摩时双手不宜过凉，手指甲不宜过长，注意力要集中，不能敷衍了事。

（2）在施手法或取穴时，均宜采取先轻、后重、再轻三个步骤，用力要恰到好处，特别是在腰部。实施肘按法、肘拨法时，用力一定要稳，防止筋膜损伤及腰椎横突骨折发生。

（3）对于年龄过大的客人，不得采用过重手法，特别是肘按法、肘拨法。

（4）在颈部、背部、腰部、臀部等部位，如果有明显压痛者，痛点处严禁施重手法，最好避开痛点，以免加重局部软组织的损伤。

（5）在颈部严禁施旋、扳等手法进行按摩。

（6）在按摩过程中遇到客人突然出现头晕、恶心、面色苍白、出虚汗、脉搏加快等症状，应立即停止按摩，不要慌乱，应先让客人平卧于床上，屈膝屈髋，再掐人中穴、十宣穴，按揉印堂穴、内关穴、足三里穴，点大椎等即可解除这些症状。

（7）如果客人要求更换技师，应该有礼貌地请客人等候，不能表现出不满的情绪。

（8）在按摩时与客人聊天，可使客人放松。但同事之间不得聊天，以免引起客人的反感。

（9）认真钻研按摩技术，能为客人提供娴熟的按摩服务，为客人解除疲劳和病痛。

（10）不断提高服务水平，按摩时按摩布、垫头巾要一客一换，并及时消毒。

（11）如住店客人要求技师到客房服务，技师要先到楼层服务员处登记，由楼层服务员引导进入房间，按摩时不得关锁房门。

# 第五节　美容美发服务

 学习目标

★ 了解美容美发的基本知识。

★ 熟练掌握美容美发场地的卫生清洁工作内容与方法。

★ 具备熟练地接待客人并提供优质服务的能力。

## 技能目标

★ 能演示美容美发服务的工作程序与要求。

## 相关知识

美容美发服务通过先进科学的知识和高超的操作技能，来实现客人的形体美、形象美和发型美的享受需求。美容美发厅所提供的服务包括清洗、修理头发和清洁面部，以及专业的头部按摩、皮肤护理和美化、整体形象设计和美化服务等。近年来，美容美发项目的内容更是花样翻新、层出不穷，人们追求的样式和新项目不断出现。已经成为人们在工作之余消除疲惫、享受情趣、愉悦身心的重要方式之一。饭店的康乐部一般都设有美容美发厅。

### 一、美容美发功能区域

饭店的美容美发厅主要包括客人接待区、美容区、美发区和消毒区等。

#### 1. 客人接待区

在客人接待区除了置放沙发、桌椅，提供阅读刊物，如报纸、杂志为等候的顾客服务之外，也可为客人提供一些增值服务，如发型设计、形象设计、皮肤类型鉴定等。

#### 2. 美容区

美容区主要进行面部美容和身体美容。这个区域对设备以及专业人员的技术水平要求很高。美容师必须经过严格的培训，美容区内配备有美容仪、按摩机和美容用品等，均需符合安全、卫生的要求。美容师根据不同客人的特点提出美容方案，请客人选择适合的仪器、设备和用品。美容区设置的床和坐椅要舒适方便，床上用品要求洁净，保证消毒效果。

#### 3. 美发区

美发区可分成剪发、操作、洗发三个功能区。其主要服务内容是为客人洗发、剪发、盘卷、做花、烫发及焗油、漂染等，基本设备有剪子、削刀、各类梳子以及美发椅、美发镜台、躺式洗头设备、吹风机、烘发机、焗油机等。所有美发设备的摆放要简洁整齐并且要科学合理，以最大限度地方便客人为宗旨，尽量减少客人的移动。镜子的数量和摆放位置以客人能看到发型各个侧面为标准。

### 4．消毒区

消毒区配备热水锅炉和消毒清洗设备，及时把客人用过的小件毛巾等服务用品进行清洗和消毒。

## 二、美容美发基本设施设备介绍

（1）美发椅（图4-9）。有电动升降式美发椅、油压式升降美发椅、人工升降式美发椅。

（2）美发镜台。男式美发厅设多功能的美发镜台，女式美发厅配置单功能的美发镜台。

（3）洗头设备（图 4-10）。坐式洗头用的洗头盆和仰式洗头用的洗头盆连椅组合，需要注意配置冷热水管及喷头。

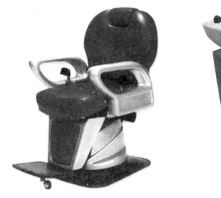
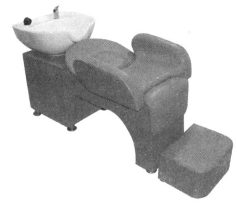

图 4-9　美发椅　　　　　　　　图 4-10　洗头设备

（4）焗油机（图4-11）。可放出蒸汽加温，使油质渗入头发，使头发更加润泽、强健。

（5）美发用品：各种中高档烫发药水、洗发用品、护发用品、各色染膏、双氧水、漂粉、各种焗油膏、摩丝、发胶和美发啫喱等。

（6）美容设备。主要包括各种美容机（图 4-12），如干式水力按摩舱（全身按摩设备）、回春魔术手（一种微电波美容按摩仪）、瘦身热能毯（美体瘦身设备）、远红外线瘦身热能毯、热能振脂仪、微电脑体雕仪、韩式美甲机、燃脂光疗仪、激光洗眉机、离子仪、微电脑气压按摩器、体外超声吸脂系统、激光脱毛机、德国高科技细胞氧气机、水晶活肤仪、冰球（按摩设备）、远红外线太空舱、光子嫩肤仪等。

图 4-11　焗油机

图 4-12　多功能美容机

（7）美容用品：现代美容用品很多。主要可配备：

① 专业护肤用品：洗面奶、化妆水、磨砂膏、去死皮霜、日霜、晚霜、面霜、底霜、各种软硬膜粉和各种精华素。

② 文刺用品：文眉机、文刺色料、文刺辅助剂、棉片、酒精等。

③ 美甲用品：修甲工具、洗甲水、护甲底油、上光油、各色甲油、纤维甲和上色工具等。

④ 美化睫毛用品：烫睫毛套装、睫毛钳、假睫毛等。

⑤ 美容化妆用品：粉底、眼影色、胭脂色、唇膏、唇线笔、眉毛、眼线笔和睫毛膏等。

## 三、美容美发的服务程序

### 1．预订工作

（1）接到预订电话后，主动介绍服务项目和价格，并询问客人的具体需求。

（2）详细记录客人的姓名、电话、预订项目和时间，向客人重复一遍以便确认。

### 2．营业前的准备工作

（1）做好卫生工作，擦拭玻璃门、把手、梳妆台、坐椅、机器设备和盥洗台面。要求是室内不留毛发和碎屑。

（2）查看工作预订记录，将当天客人的预订项目通知技师，以便提前做好准备。

（3）到财务部领取备用金，清点数目。

（4）技师对自己的美容、美发工具进行消毒。

3. 营业中的接待工作

（1）热情地向客人介绍服务项目，了解客人需要，适当推销。预约客人按预约内容及时进行安排。

（2）客人确定项目后，填写服务登记卡，安排技师为客人进行美容、美发服务。

（3）技师在操作过程中要不断询问客人的意见，并提出自己的建议，尽可能设计完美，符合客人要求。

（4）服务结束后，服务员要与技师核对所做项目，及时开具账单、收款。

（5）客人离开时要提醒客人带好随身物品。向客人道谢道别，并欢迎再次光临。

（6）及时清扫场地、整理物品，迎接其他客人。

4. 营业结束后的整理工作

（1）认真地做好美容美发场所的卫生整理工作，及时补充美容、美发用品。

（2）核对当日营业单据，填写报表，连同现金上交财务部门。

（3）切断所有设备电源，关好门窗。

## 四、服务要点和注意事项

（1）在服务过程中要按照客人的具体要求提供服务。

（2）积极参加新技术培训，紧跟流行趋势。

（3）注意环境清洁，严格按照行业标准进行客用物品的消毒。

（4）对有皮肤病的客人，建议到医院就诊。

（5）维护好美容美发设备，发现问题及时报修。

（6）遵守财务制度，现金收入要及时入账，当天的现金当天上缴财务，不拖欠过夜。

 **补充提高**

### 美容新思路

1. 空气营养美容

一些国外有见地的美容学家、植物学家根据植物光合作用、会呼吸的原理，培植出了许多会放出营养的植物。这些植物包含负氧离子激发皮肤细胞活力的"酶"和保湿因子等。将一定量的植物放入一个密闭的"花棚"里，只要保持适当的温度和湿度，控制好时间让植物释放出营养浓度。当浓度达到要求时，美容者就可以进入"花棚"，一边欣赏花草植物，一边自然地进行美容。

### 2．心理美容

就连世界著名的化妆品牌"美宝莲"也打出了"美来自内心"这样的广告词，可见心理美容的重要性了。心理美容的目的就是通过疏导与暗示，使人的心情愉快，精神饱满，脏腑运行机制顺畅，气血运行顺畅，促进血液循环，激活面部和全身细胞的代谢，使面容富有光泽和弹性。如今，国外已有相当数量的心理美容院，人们在与心理美容师的对话过程中，就能得到一次最好的美容。

### 3．音乐美容

音乐是一副天然的美容良药，这是已经与美容专家、心理学家、生理学家和音乐工作者达成了共识的。许多国家的美容医学研究机构已经在古典乐曲和现代乐曲中，选出了 220 多首具有美容功效及健康功能的乐曲，准备制成美容录音带、CD 唱盘和 VCD 光盘。这样人们就可以在欣赏音乐的同时，完成一次高质量的美容。尤其在音乐文化日益发达的 21 世纪，对于音乐的欣赏与重视已深入人心。音乐，正在作为重要的美丽元素给爱美的人们带来生机。

### 4．聊天美容

目前，在一些西方国家里，已出现了一种以专门逗人笑来美容的场所。人们通过聊天、说笑来缓解内心的紧张和压力，使面部肌肉得以自然松弛，促进血液循环，加速细胞的生长，并激发细胞的活力，防止皱纹出现，产生意想不到的效果。

## 案例分析

### 珠海御温泉度假村——让客人充分享受休闲文化

珠海御温泉是一座集住宿、健身、餐饮、娱乐于一体的度假村，是国内露天温泉旅游度假胜地之一。设有天然温泉华兴池、花草温泉、木温泉、咖啡温泉、酒温泉、瀑布温泉、音波喷射温泉、石温泉，以及成人、儿童温泉游泳池和设备齐全豪华的健身中心等十余种不同类型的温泉浴服务，并建有 10 多套独立室内温泉浴池的园林式贵宾休息房,还配有大型蒸汽浴和桑拿浴室及40多间标准按摩、推拿室,可供客人浴后保健按摩,增强泉浴的疗效。御温泉度假村以其丰富的文化内涵和完善的配套服务,吸引着海内外的游客,是珠海著名的旅游度假胜地。

几年来,御温泉度假村开发了丰富的温泉休闲养生服务项目,包括民族文化温泉、加料养生温泉、诗情神意温泉等系列:

(1)约式唐房(温泉客房)。有御瀛庄标准房、复式房、带厅复式房、豪华套房、御泉阁台式房和地式房等。

(2)田园美食。即根据"斗门风味,健康美食"的菜式创新要求,结合东西南北菜式,开发出以健康养生为主的御泉菜式。

(3)太医五体养生。即根据初唐、中唐、晚唐太医五体调理技法,推出五体养生项目以及"润心五宝"等调养项目。

(4)养生会务。即以御满堂、御宾楼等特色会务设施为主,结合温泉休汤、太医五体、健康养生宴、健康娱乐等,寓会务于养生中。此外,还有千色胡同、楼顶烟花场等主要设施服务。

为了让客人充分享受休闲文化,御温泉度假村在同行业内首次开发了加料温泉、情境温泉、太医五体温泉、养生御道泉、纯正温泉泡法等。

问题:

简述康乐项目的开发和利用、拓展与对康乐项目的知识、文化的掌握之间的关系。

# 本 章 小 结

本章所介绍的项目属于保健休闲项目,其特点是活动的被动参与性较强,其主要功能是使参与者达到放松机体,焕发精神的目的,这一类项目服务人员不仅要懂得一些基本的各项目服务知识,最好还需掌握一些简单的理疗保健知识,这样才能更好地为客人服务。因此读者在学习本章时,也尽可能地多了解些保健方面的知识。

# 本 章 习 题

1. 哪些情况不适合泡温泉?

2．温泉对人们的身体有哪些好处？

3．足底按摩对身体有哪些好处？

4．美容美发师在操作时为什么要不断地询问客人的要求？

5．美容美发和设备主要有哪些？各有什么功能？

# 第五章　康乐部的安全管理

 **课程导入**

　　随着社会的进步，康乐项目的设施规模不断扩大，项目种类越来越多，而且康乐场所是人群相对密集的场所。一旦出现意外，很容易酿成重大事故。康乐经营管理中的安全工作越来越重要，作为康乐部的管理者，不仅要加强安全意识，而且要学习和掌握安全防护知识，并学会如何制定周密的安全措施和应急方案。

## 第一节　康乐部的安全管理

 **学习目标**

　　★ 熟悉康乐部安全管理的重要性、安全事故发生的原因。
　　★ 掌握康乐部安全事故的预防办法。
　　★ 了解安全制度和安全管理体系。
　　★ 掌握康乐部安全事故的处理程序。

 **相关知识**

### 一、安全事故发生的原因

　　安全事故发生的原因主要有五方面：设施设备质量方面的原因；设施设备维修保养方面的原因；顾客在使用设备设施方面的原因；康乐部在管理和提供服务方面的原因；治安管理和消防管理方面的原因。

### 1. 设施设备质量欠佳

据了解，目前全国有 200 多家大、中型游艺机、游乐设施生产厂家，但只有约 70 家取得了生产合格证，许多企业不具备生产条件却在进行无证生产。1999 年国家技术监督局、建设部等六个部门联合组织了对全国大型游艺机、游乐设施的大检查。检查结果表明，当前正在使用的游乐设备大部分存在着老化、陈旧的问题，另外还有很多设备属于无证产品和自制产品，存在着设计和配置不合理的现象，这些问题都影响着设备的安全运行。有的游艺室内电器绝缘性太差，并且电源线不带保护地线，这样的设备很容易发生漏电事故。有的设备外观非常粗糙，棱角处的装饰条和螺钉等有毛刺或尖锐，很容易划伤客人。曾有客人在跳舞机上跳舞时用手扶了一下面板上的装饰物，就被划伤了，到医院缝了 4 针。又如，北京某山坡滑道发生过翻车使客人摔伤致死的事故，广州某游乐场发生载人气球升空失控摔死游客的事故。这些事故都是设备质量欠佳造成的。

### 2. 设施设备保养维修不到位

例如：北京高档康乐场所台球厅的球台是从英国进口的高档球台，斯诺克球台的袋口是用铜条嵌入木框而固定的，由于保养不当，袋口的铜条一端脱落，一位客人无意中走过时被划了一下，结果他穿着的高档西裤被划破了，客人感到十分难堪。

又如，保龄球设备每天都需要认真保养，否则容易发生故障，引发事故。按照规定，保龄球道应该每天除尘、打磨、涂油。涂油的区域和油膜的厚度都应按规定要求操作，但在发球区和发球区近端，球道是不应涂油的。可是有的保养人员操作随意，在转换球道时将油拖布或落油机很随意地从发球区拖过去，使发球区沾染上球道油，这样当打球的客人踩上去时，就很容易滑倒摔伤，有的球馆就曾因此摔伤顾客，造成骨折。另外，保龄球的球体在长期使用过程中，会出现破损，如不及时维修或淘汰，也可能引发安全事故。特别是指孔边缘如果碎裂的话，会出现较锋利的碴口，很容易划伤使用者的手指。

再如，一般戏水池因有鼓浪等戏水形成，所以不会像游泳池那样将回水口设在池边岸上，而是装在较浅处的水面下。当游泳池开放多次以后，人们脱落的毛发就容易堵在回水口的水箅子上，如不及时清理，就会出现不良后果：一是回水量减少，水质的清洁度降低；二是容易引发安全事故。例如，某戏水乐园规模较大，因而回水量也较大。由于毛发堵塞了回水口箅子，回水功率又较大，回水的负压很大，一位游泳的客人无意间在回水口用臀部靠了一下，这就给本来负压很大的回水箅子增加了一个外力，那耐腐蚀的塑料回水箅子一下子粉碎了，这位客人也像拔罐子一样被回水口吸住。当其他人将其救起时，他已因伤重而无法自由活动了。此事虽是偶然事故，但原因却是保养不善造成的。

### 3. 顾客使用方法和活动方式不当

（1）准备活动不充分。有很多康乐项目是由运动项目转化来的，有些活动比较剧烈，因此在进行这些运动之前，客人应当先做好准备活动，否则就可能出现安全事故。例如，游泳前如果没做好准备活动，就容易出现抽筋；在进行健身锻炼、保龄球运动、网球和壁球运动前，如没做好准备活动，就容易出现扭伤和拉伤。

（2）身体情况欠佳。客人在身体情况欠佳时，应当注意不要参与危险性和刺激性强的项目，也不要参加较剧烈的运动，例如酗酒后游泳或戏水就很危险。某戏水乐园就曾发生过一位顾客酗酒后坐水滑梯，结果被他自己的呕吐物呛死的恶性安全事故。患有心血管病、脑血管病的顾客不宜参与过山车之类的强刺激项目，否则容易使病情加重，严重的甚至会由于病情突然恶化而猝死。身体不好时也不宜较长时间地洗桑拿，有一位客人听说洗桑拿能治感冒，当她患感冒时便去洗桑拿，但她在桑拿室里蒸了不到 10 分钟便虚脱休克，幸亏被服务员及时发现才没酿成严重后果。

（3）技术水平欠佳。有的客人的运动水平欠佳，因而动作协调性、运动持久性都很有限，在这种情况下，出现安全事故的概率就相对大了一些，再加上人们在康乐场所的环境里都比较兴奋，往往忽视安全，出现安全事故的概率进一步加大。例如在保龄球场，有些顾客由于动作很不协调，且用力过猛而经常滑倒，其中个别的可能会摔伤；在游泳池和戏水乐园，往往会发生溺水事故，严重的甚至溺水而亡，而发生溺水事故的多数是游泳技术不好的人，也有的是在发生意外时，例如肌肉痉挛（俗称抽筋），因不会自己解脱所致。

（4）未按操作规定控制设备。操作规定是根据机器设备的性能特征和安全要求制定的，有的顾客在使用设备时比较随意，不按操作规定去做，这就很容易引发安全事故。例如在健身房，有很多设备都有较严格的操作要求。使用跑步机，如不按操作规定，就可能发生意外，因为按规定使用跑步机时应将速度由慢到快逐步加速，需要停止时也应由快到慢逐步减速，当机器减到缓慢速度或停止时，运动者才能走下跑道。但有个别客人由于某种原因从较快运行的跑道跳下，这时由于惯性很大，人特别容易摔倒。

### 4. 管理和服务不到位

（1）保护不当。一些康乐项目的运动量很大，并且存在着一定的不安全因素。为了减少或消除这些不安全的因素，在进行这些康乐活动时，就应该采取适当的保护措施，以避免出现安全事故。例如，在健身房作卧推杠铃时，就应该由教练或服务员适当保护；再如在游泳池的深水区，应当配备救护员，以便在发生溺水事故时采取救护措施。

（2）操作失误。有的项目需要服务员按照严格的要求操作，以尽可能地避免发生严重伤害事故。例如蹦极运动，按照规定，蹦极弹跳绳按粗细分为轻、中、重三种级别，根据蹦极者体重的不同，选用不同的弹跳绳；弹跳的最大长度以蹦极者不触地或触水为准；同时还应在蹦极者的脚上，系上无弹性的钢丝绳，作为第二道保险绳。但是如果体重称量不准，选择弹跳绳的规格不准，绳长计算不准，就可能发生严重事故。2000 年 4 月，天津某公园蹦极塔就发生过一起因服务员操作失误致使两位蹦极者头部撞地颅骨骨折的严重事故。

（3）维持秩序不当。一般的康乐项目多为很多人共同参与的项目，这就需要制定相应的游艺规则并维持良好的活动秩序，一些带有危险性的活动更应如此，例如小赛车、水上摩托、水滑梯等项目。在水滑梯的滑道中放进适量的流水，人体会以很快的速度下滑，一般的滑速能达到每秒 5 米，因此容易发生撞伤、划伤、磨伤、溺水等事故。如果维持秩序不当，撞伤事故会较多较严重。因此在项目实际运营当中，维持秩序非常重要。滑梯的出发台和末端的溅落池都应有专人负责维持秩序。出发台的服务员要控制下滑间隔，一般一条 50 米长的水滑梯约需 10 秒下滑时间，要等滑入溅落池的前一位顾客离开溅落池上岸，这时出发台才能放行后一位下滑者，否则的话，就可能出现前一位尚未离开溅落池，后一位已经滑到溅落池，导致两人或多人相撞伤害事故。在有记录的案例中已出现过颈椎骨折、腰椎骨折、脾破裂、肾损伤等严重事故。出发台服务员还应检查客人是否携带尖锐硬质物品，如眼镜、露在外面的钥匙等。溅落池附近的服务员应该尽快提示并帮助溅落入池的顾客离开溅落池，以免被后面的客人撞伤。

（4）提示不及时。在容易出现安全事故的地点或时间，应该由服务员经常提示顾客，以降低发生事故的概率。例如，在游泳池应当提示注意池水的深浅，应标出深水区，在浅水区也应该有提示牌，以防止喜欢跳水的人跳水时头部与池底相撞。在北京的游泳场馆，几乎每年都会发生头撞池底的严重伤害事故。其他康乐项目也同样，凡是存在安全隐患的地方，都应该提示客人注意安全。例如，在保龄球馆有的顾客打球的动作很不规范，如果不及时提示顾客改正动作，那么不但打不出好球，还可能因动作不规范而滑倒摔伤。

5. 治安管理不善和消防管理不善

（1）打架斗殴。打架斗殴的事件在专门的康乐场所时有发生，在高档饭店的康乐部发生的概率小一些。引起斗殴事件的原因有两种：一方面是来康乐场所消费的人群成分比较复杂，有时会有一些喜欢滋事的流氓混迹其中，这种人有时会寻衅闹事；另一方面，客人当中有个别人好出风头，常为一点小事与别人争长论短，出言不逊，也有的客人酗酒后到康乐场所消费，这些人往往精神亢奋，缺乏理智，容易与别的顾客发生口角甚至斗殴。

（2）失窃事故。在康乐场所，特别是向社会开放的康乐场所，很容易发生丢失物品的事故，这一方面是由于参与康乐活动的客人在兴高采烈的时候，容易忽略所带物品，无意间将物品丢失；另一方面，这种公共场所，也是小偷经常光顾的地方，他们在这里也容易"得手"，因为在这种地方客人与他们所带的物品会有分开的时候，例如，客人在打保龄球的时候，一般客人都是把手包之类的物品放在椅子上；在游泳池，客人的衣物放在更衣柜中，此时小偷往往乘机下手作案。

（3）消防事故。康乐场所由于客流量大，且人员成分复杂，更应该加强消防安全管理；否则后果将是非常严重的。例如2000年初，河南焦作某歌舞厅发生火灾，造成几十人被大火烧死的严重事故。康乐场所发生火灾的原因主要有三方面：一方面是吸烟的人乱扔未被掐灭的烟头或尚在燃烧的火柴，引燃易燃物；另一方面是电器过热（引起电器过热的原因有电路老化、绝缘不良、电压不匹配等）；第三方面是使用不当，这主要是指有些电器本身就是发热的，且功率都较大，如电热风机、电桑拿炉、电取暖器等，而在使用这类电器时未注意与可燃物品隔离，可燃物品被电器烤燃而引起火灾。

## 二、安全事故的预防

康乐场所安全事故的预防工作十分重要。预防工作做好了，可以减少很多事故，减少很多处理事故所带来的麻烦和损失，从而降低营业成本。这对企业是十分必要的。

### 1. 增强安全意识，加强安全管理

（1）加强对管理和服务人员的安全培训，强调以预防为主的安全管理原则。康乐部全体工作人员都应强调以预防为主的安全管理原则和安全服务意识。用什么手段来提高安全意识呢？首先是培训。通过培训使服务人员认识到安全管理的重要性，认识到安全服务给企业、给客人、给自身带来的益处，提高服务员贯彻以预防为主的安全管理原则的自觉性；通过培训，使服务员认识并熟悉安全管理制度，并能提高处理安全事故的能力。培训的内容应涉及设备安全、人员安全、消防安全、治安安全等方面。

（2）加强对客人的疏导服务。安全管理涉及的重点场所和重点部位，特别是对社会开放的公共康乐场所，由于客流量较大，有时会出现拥挤现象，容易发生安全事故，如挤伤、踩伤等。另外，人多拥挤也给小偷作案提供了方

便。这时管理人员和服务人员就应该特别注意加以疏导服务，维持好现场秩序，以防止发生伤害或失窃事故。

在一般情况下，人们到有危险的地方时会非常谨慎，但也有例外。例如，让一个不太会游泳的人独自到深水区去游泳，他会有恐惧感。但当浅水区几乎没有人，而深水区人又很多时，那个不太会游泳的人也会想不妨到深水区玩一会儿，他的恐惧感由此而减少。其实危险因素对他来说一点也没有减少，反而由于人较多，个别人出了事却不容易被岸上的救护员发现，增加了危险。这种时候，服务人员就更应该注意疏导和提示，以减少出事故的可能性。

（3）加强与饭店安保部，与公安、消防部门的合作。安保部是大型饭店或康乐企业专门负责安全保卫的职能部门。安保部全面负责安全保卫工作，包括营业场所的治安管理、企业的财产安全管理和消防安全管理。安保部的工作与康乐部的工作有密切联系，康乐部为顾客提供服务的过程中需要安保部的协作与配合，在预防和处理安全事故或消防事故时应接受安保部的指导与帮助，以便共同为顾客提供安全的服务。

公安部门和消防安全部门是政府的执法部门，是制定治安管理制度和消防安全管理制度的权威机关，在检查治安保卫工作和消防安全工作及处理相关事故的工作中具有权威性，拥有执法权。康乐部在经营工作中经常与公安部门和消防部门发生联系，接受监督、检查、指导，这对维持正常营业秩序、搞好经营工作具有非常重要的意义。特别是游泳场馆和歌厅、舞厅，更要搞好与公安机关的合作。

## 2. 建立完善的安全制度和安全管理体系

（1）要配备必要的设施设备。要配备必要的防盗防爆设备，如防盗报警装置、闭路电视监控器等。

（2）加强对客人的管理。康乐场所人员的流动量大，往往是犯罪分子作案的场所，所以必须加强对客人的治安管理。

① 要制定客人须知，明确告知客人应尽的义务和注意事项。

② 加强巡逻检查，发现可疑或异常现象，及时处理。

（3）健全员工的管理制度。首先要制定明确的岗位责任制和行为准则，加强对员工服务过程的管理，主要有：员工出入大门及携带物品的规定、员工更衣室管理制度、员工使用钥匙的程序和手续等。

（4）建立财务管理制度。为了使客人和康乐财物不受损坏，必须建立和完善以下制度：

① 贵重物品保管及保险箱的管理制度。

② 拾遗物品的管理制度。

③ 重点部门的管理制度。

④ 各种物品存放和领用制度。

⑤ 现金管理制度。

⑥ 对超限额消费、欠账客人的管理办法等。

安全管理的最主要目的是保证客人的生命及财产安全和员工的安全。在某些存在危险性的康乐活动开始前，特别是一些大型游乐项目，应该对顾客进行安全知识讲解和安全事项说明，并具体指导顾客正确使用设备设施，确保顾客能够掌握正确动作要领。某些康乐项目对顾客的健康条件有要求，或不适合某种疾病患者参与，例如桑拿浴、游泳池、按摩、过山车、蹦极等项目，应该在该项活动的入口处以"警示"方式予以公布；在康乐活动进行过程中，应密切注意顾客的安全状态，适当提醒顾客注意安全事项，及时纠正顾客不符合安全要求的行为。康乐部还应保护员工的安全：应该加强员工的安全操作技术培训，未取得专业技术上岗证的，不得从事操作带电的设备；开展经常性的安全培训和安全教育活动；建立安全检查工作档案，每次检查都要填写检查记录表单，检查的原始记录由责任人签字后存档。

康乐场所应该具备完善的安全设施：各康乐场所、公共区域均应设置安全通道，并时刻保持其畅通无阻；在游乐场各游乐区域（封闭式的除外），均应按《游艺机和游艺设施安全》（GB 8408—2008）的规定设置安全栅栏；严格按照消防规定设置防火设备，配备专人管理；安装报警设施，并按《消防安全标志》（GB 13495—1998）设置警报器和火警电话标志；露天水上康乐场所应设置避雷装置；配备处理意外事故的应急救护设施设备。

安全管理工作还必须做到组织落实，要建立完善的安全管理体系，包括安全操作保证体系，安全维护保证体系。这些体系的具体结构见图 5-1、图 5-2。

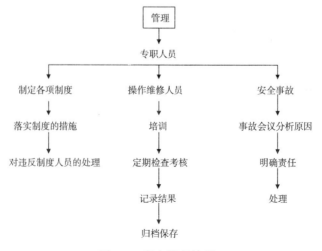

图 5-1　安全管理体系

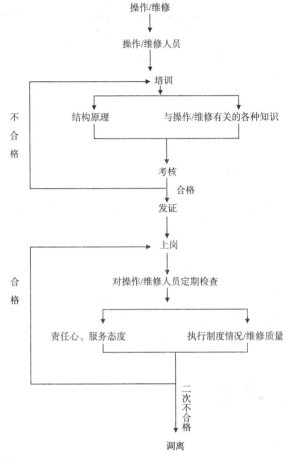

图 5-2　安全操作/维护系统

## 三、安全事故的类型

根据国家旅游局在《旅游安全管理暂行办法实施细则》第八条中规定：旅游安全事故可分为轻微、一般、重大和特大事故 4 个等级：

（1）轻微事故是指一次事故造成旅游者轻伤，或经济损失在 1 万元以下者。

（2）一般事故是指一次事故造成旅游者重伤，或经济损失在 1 万元至 10 万元（含 1 万元）者。

（3）重大事故是指一次事故造成旅游者死亡或旅游者重伤致残，或经济损失在 10 万元至 100 万元（含 10 万元）者。

（4）特大事故是指一次事故造成旅游者多名死亡，或经济损失在 100 万元以上，或性质特别严重，产生重大影响者。

饭店康乐部在接待过程中可能发生的安全事故，主要包括治安事故、火灾事故、其他原因造成的顾客意外伤亡和财物损失等。

这类事故虽然无法预料，但为了尽量避免这类事故的发生，作为康乐经营者首先应充分认识此类事故的严重性，其次应完善管理，积极落实有关防范措施。作为康乐服务人员应做好提醒工作，身体力行地严格按服务规范进行服务。这里指的是安全事故发生后应采取的处理措施。对安全事故的处理虽然属于被动管理，但在康乐部的运营过程中，却是不可避免的。对安全事故的恰当处理，能避免事故的扩大，有效地减少事故带来的损失。

### 四、安全事故处理程序

（1）一般事故发生后，报告上级主管，应立即派人赶赴现场，组织抢救工作，保护事故现场，并及时报告当地公安部门。

（2）在公安部门人员未进入事故现场前，如因现场抢救工作需移动物证时，应做出标记，尽量保护事故现场的客观完整。

（3）有伤亡情况的，按规定将事故情况报告有关部门和通知其家属；并及时通知当地卫生医疗部门，组织医护人员进行抢救。

（4）对重大安全事故，严格按照国家旅游局《重大旅游安全事故处理程序试行办法》进行处理。

（5）伤亡人员中有海外客人的，在伤亡人员确定无误后，应及时通知有关海外旅行社和有关国家驻华使馆和组团单位。并向伤亡者家属发慰问函电。

（6）做好安全事故书面报告和结案书面记录。

# 第二节　康乐部的卫生管理

## 学习目标

★ 了解康乐部卫生管理工作的重要性。

★ 掌握康乐部卫生清洁工作的基本步骤，及时做好各项设备的消毒。

## 相关知识

卫生管理也是康乐部管理中的重要工作，它贯穿于康乐管理和服务的全过程中。康乐环境及设备的清洁卫生状况是康乐服务质量的重要组成部分，其好坏不仅直接影响到康乐服务质量，还会影响整个饭店的形象、声誉乃至经济效益。因此，做好康乐部的卫生管理工作对康乐部的管理及整个饭店的管理都有着极其重要的意义。

康乐部所辖区域工作卫生方面的监督维护是每位员工的责任，主管及以上人员兼负管理责任。部门管理人员应重视对设施设备的检查，每天要填写工作日记并在日记上写清工作问题，每天由专人查阅填写工作单后跟踪工作问题，卫生有各班次经理带主管领班定时对各岗位检查。员工更要多加注意设施设备的安全问题，给客人一个安全整洁的休闲环境。

（1）营业场所厅面卫生实行"三清洁制度"，即班前小清洁、班中随时清洁和班后大清洁；部分区域实行计划卫生制度和每周大清理制度。

（2）每日的班后卫生清洁包括：

① 地毯和沙发等软地面的吸尘。

② 硬地面的湿拖。

③ 茶几、吧台、窗台、灯具、器械设备和营业场所的所有横截面的抹尘。

④ 对各类杯具进行每日消毒，严格执行消毒制度，做到"一客一换一消毒"。

⑤ 客人用的拖鞋等做到"一客一换一消毒"。

⑥ 客用布草做到"一客一换"。

⑦ 客人用的麦克风每日进行清洁和消毒一次。

（3）使用有效方法使厅面空气随时保持清新。

（4）做好灭蚊蝇工作，发现蚊蝇及时喷杀，如果不能控制，及时通知专业灭蚊蝇公司进行消灭。

（5）食品分类存放，每周对冰箱进行彻底清理和整理，对即将过期的食品饮料要按规定撤换退库。

（6）要随时对客人用过的杯具进行消毒。消毒方法：将洗刷干净的杯具杯口朝下装入器皿，再放进消毒柜内，并启动开关，消毒时间在15～20分钟，温度可达100℃，消毒后等温度下降后方可取出杯具，然后放置在柜内，用干净的布巾盖好备用。

（7）消毒柜进行计划清理；康乐领班每天须记录消毒情况，写明消毒时间、数量、种类、消毒人。

（8）服务员每天要对更衣室进行消毒。消毒可以使用紫外线消毒车或化学药剂消毒。

（9）主管每天要对消毒的杯碗、房间的消毒情况做检查，如发现有不按规定消毒或不进行消毒的要按《奖惩条例》中的有关规定予以处理。

（10）康乐部经理必须定期对卫生进行全面的检查，并将检查结果记录在案，作为各班组卫生评比的重要依据之一。

（11）康乐经理对部门所辖区域的卫生负有最后责任。

## 案例分析

### 醉酒客人滑倒摔伤之后

　　某晚，李先生喝完酒后，与朋友来到某饭店经营的桑拿洗浴中心，服务人员见状忙进行阻拦，提醒他们酒后洗浴的种种危害，但李先生不听劝阻，仍与朋友一同进入桑拿浴室洗澡。洗头时，李先生想将手中的一次性洗浴用品袋扔进远处的垃圾桶中，但由于用力过猛，加之浴室内的地板砖湿滑，李先生整个身体一下子失去平衡，重重地摔到淋浴室对面的蒸汽房玻璃门上。只听"哗"的一声，玻璃被撞碎，玻璃在下滑过程中将李先生右胳膊割伤，血流不止。李先生的朋友见此情景急忙拨打110和120电话报警和求救，桑拿洗浴中心经理也马上和李先生的朋友一起将他送往医院抢救，并垫付了相关医疗费用。由于李先生出现创伤性失血症状，后转院抢救，采取了相应的治疗措施。

　　因创口处不适，半年后李先生再次到医院住院治疗，医疗花费较大。于是李先生向该饭店桑拿洗浴中心索要医药费未果后，向法院提起诉讼。李先生诉称：由于浴室地砖太湿滑，浴室经营者没有采取防范措施，也没有设置安全警示标记，致使原告遭受人身损害，并给其精神上带来痛苦，故请求法院判令被告赔偿医疗费、残疾赔偿金、精神抚慰金等合计若干万元。被告则辩称：原告在我经营的浴室洗澡受伤属实，但因浴室里经营设施符合安全保障要求，浴室地面上设置了防滑垫，在墙上也贴有提醒客人的警示标志，故被告已尽合理限度内的安全保障义务。原告酒后不听劝阻强行进入浴室洗澡受伤，应由其本人承担责任。请求法院判决驳回原告的诉讼请求。

　　法院经审理查明，认为原告李先生在桑拿洗浴中心交费后，与桑拿洗浴中心已形成洗浴服务合同关系。被告提供服务时应保证其所提供的浴室内设施符合保障人身、财产安全的要求，没有明显的安全隐患，被告未尽到安全保障义务，与李先生受伤有一定的因果关系。原告李先生酒后洗浴，不能理智地控制自己的行动，故对其自身损伤的产生也有一定过错，根据有关法律规定，应当减轻被告的民事责任。依照《民法通则》和最高人民法院《关于审理人身损害赔偿案件适用法律若干问题的解释》的规定，综合双方的过错程度、损害后果等因素，被告应当对原告治疗损伤所产生的合理费用承担60%的民事赔偿责任，其余款由原告自负。

　　问题：

　　1. 如果你是该桑拿洗浴中心的服务人员，会怎样婉拒李先生进入桑拿浴室？

2. 当类似突发事件发生时，你认为作为服务人员首先应该怎样做？

3. 如何防止此类事故的发生？

# 本 章 小 结

安全与卫生是康乐部的一项重要工作，这两项工作都能对康乐部的经营产生重大影响，因为，安全是人类的基本需求，安全与卫生是饭店服务质量的重要标准，没有安全与卫生这两项保证，就不可能构成完整的服务质量，也失去了增加收入、减少损失的保障措施。通过本章的学习，了解康乐部存在的"危险点"演变成现实事故的过程告诉我们，要做好安全工作，首先要做好危险点预控，从控制处于初始阶段的危险点入手，做到早分析、早预测、早预防，采取措施消除隐患。对设施设备的检查，每天要填写工作日记并在日记上写清工作问题，卫生由各班次经理带主管领班定时对各岗位检查。给客人一个安全整洁的休闲环境。

# 本 章 习 题

1. 康乐部安全事故发生的原因有哪些？

2. 安全事故主要指哪些？

3. 如果有位说话办事对本饭店经营等方面都非常有影响的贵客在 KTV 房因醉酒摔倒，无礼要求本部门赔偿，你怎么办？

4. 夜间，浴区有位客人因心脏病突发晕倒，因故电话、手机均打不出去，你怎么办？

5. 因设备问题使客人受伤怎么办？

6. 在舞厅服务时，发现有人故意滋事、斗殴，故意扰乱舞场秩序时怎么办？

# 第六章　康乐部的服务质量管理

 课程导入

　　康乐产品是饭店产品的重要组成部分，也是饭店经济收入的重要来源。康乐服务过程与宾客感受、体验的过程是统一的，这决定了康乐服务质量管理的难度。因此，必须对康乐服务的过程进行严格的服务管理。康乐服务质量管理的主要方法，就是对各康乐项目的服务规程进行设计，并通过规范化、标准化的服务操作来控制服务质量。

## 第一节　康乐服务质量管理的内容

 学习目标

　　★　了解康乐产品的质量特性。
　　★　熟悉康乐服务质量控制原则。
　　★　掌握康乐产品质量管理的内容。

 相关知识

### 一、康乐产品的质量特性

　　康乐产品是饭店服务人员依托各种康乐设施设备，为消费者提供专业化的康体健身、休闲娱乐、保健美容服务的总称。康乐产品的质量特性表现在以下三方面。

1. 产品质量的构成因子具有多样性和不确定性

康乐产品的类型繁多、项目多样，服务提供方式差别大，消费方式因人而异，康乐产品质量的构成因子具有多样性和不确定性，从而造成康乐产品质量控制与管理的困难性。

2. 产品质量对设施设备具有较强的依赖性

康乐产品是否能为宾客带来物质与精神上的享受，很大程度上依赖于所提供的设施设备的完善性和先进性（如歌厅的音像、健身房的器械、桑拿的蒸汽房等）。

3. 产品质量与服务人员的技术和技能密切相关

大多数康乐服务项目的专业性强，技术含量高，要求服务人员熟悉和掌握有关设施设备的性能、结构和特点，同时还要为宾客提供专业咨询、指导和各种专项服务。

## 二、康乐服务质量控制的原则

1. 系统性与连续性统一的原则

康乐服务质量管理的核心，就是做好各岗位员工之间、部门与饭店其他部门之间、员工与宾客之间，以及服务人员与管理人员之间的协调。因此，服务质量管理是全方位、全过程、全体人员的系统工作。同时，饭店康乐部必须保持其服务质量控制体系的连续性，实现服务质量的稳定性，以获得长远的社会效益和经济效益。

2. 指挥统一性原则

康乐部各级岗位的服务与管理人员，都必须严格贯彻执行岗位工作责任制，不得越级指挥或者越级汇报。坚持指挥统一性原则是服务质量管理控制的关键所在，否则，将会极大地损害上级管理人员的形象，挫伤现场管理人员的积极性，造成上级对下级的管理失去控制。当然，服务质量控制的指挥统一性并不与走动式服务管理模式中上级深入实际的要求相矛盾，只是要求服务管理人员在发现下级问题的时候采取正确的指挥方式。

3. 科学性与适应性统一的原则

服务质量控制的适应性，是指必须建立针对外部消费者的文化习俗、本企业所在地的地域特色、季节差异、市场环境的变化、服务产品技术的更新，而进行调整服务质量控制规程和标准的制度的创新机制。它强调服务质量控制的针对性。两者的辩证关系是，服务质量控制的科学性决定其适应性，服务质量控制的适应性保证其科学性，即所谓科学的，才会是适应的；适应性强的，才表明是更科学的。

### 4. 控制关键环节的原则

服务质量控制的目标，是使康乐服务过程中的各个环节都能得到有效的监督、检查和控制。但是，只有控制住一些关键环节的服务质量，才能较好地控制服务的全过程。例如，在整体的康乐服务过程中，服务态度是关键环节；但在运动类项目服务过程中，服务技巧是关键环节；在保健类项目服务过程中，技能是关键环节；在娱乐项目服务过程中，组织能力是关键环节。所以，康乐服务质量控制的步骤，首先是对这些关键环节进行定性和定量的监督、分析、评定和控制。

### 5. 注重专业技术的原则

康乐类项目的服务人员的专业和技术水平，直接影响康乐服务质量控制结果。例如，运动类项目的服务和管理人员的规则裁判、救护防护、示范教练水平，直接影响客人消费的安全和兴致；再如，保健类项目的服务和管理人员操作技能水平，娱乐类项目的工作人员的专业技术知识和技能水平，都会直接影响服务质量。所以，饭店康乐部必须对录用员工制定并执行严格的专业技术条件要求；对在岗人员服务操作中执行专业技术规程情况进行严格监督、检查、考核、评比和奖惩。

### 6. 服务管理灵活的原则

康乐服务质量控制应该坚持系统性、科学性和指挥统一性的原则，保证康乐服务质量控制的规范性和严肃性。同时，在此前提下，还应该根据康乐部内部经营项目比较多，经营规律差异比较大的特点，贯彻服务管理灵活的原则。例如，在收费方式上，灵活选择按时收费或分场次收费；根据服务项目的活动难度，选择是否安排教练、陪练；根据营业规律，灵活安排营业时间和员工班次；根据客人的体质、要求，安排不同的训练、保健计划；根据市场流行时尚和趋势，灵活调整项目内容，并组织相关的培训和研究；根据客人的感受，调整操作体位、手法和力度；根据经营和市场的需要，制定不同的市场营销组合等。

## 三、康乐产品质量控制与管理的具体内容

### 1. 康乐设施设备质量控制与管理

康乐设施设备是指康乐部门所拥有的基础设施（如建筑物、泳池、球场等）、机械设备装置（如音像设备、健身康体设备、消闲康体设备、娱乐设备、美容美发设备等）等。

（1）康乐设施设备的质量要求。

① 康乐设施设备应与整个饭店的等级相匹配，配置须得当、布局要合理、型号要现代、外观应美观大方、使用应简单方便。

② 各种设备应始终处于最佳技术状态和合理的使用状态。

③ 定期进行设备的更新与改造，以适应康乐需求求新、求异、求变的消费特征。

（2）康乐设施设备质量控制与管理。

① 建立和健全设施设备的使用与管理制度。包括：设备的选择评价管理制度、设备的维护保养制度、设备的合理使用制度、设备的修理管理制度、设备事故分析与处理制度、设备点检制度、设备档案管理制度等。

② 完善设施设备管理方法。包括：建立康乐设备的技术档案，做好分类编号工作；制定正常操作设施设备的程序与规范、分级归口、岗位责任制、康乐设备使用效果考核制度、维修保养规程等。

③ 合理使用康乐设施设备。实行专职负责制，做到"三好"（管好、用好、修好）、四会（会使用、会保养、会检查、会排除故障）。

（3）康乐服务质量控制与管理。

① 加强对康乐服务人员的专业技术培训以及相关能力的指导。培训与指导的内容包括设施设备的性能、结构和特点解析；运动器具的性能、作用和使用方法的培训；设施设备维护保养的相关知识培训等。

② 完善康乐服务程序及标准，加强制度化管理。建立完善的康乐项目服务程序及工作标准，规范各服务岗位的作业程序、技术要求和质量标准，建立健全康乐服务运作流程所应遵循的各种规章制度，制定完善、详尽的服务规范，明确各服务岗位的责、权、利关系，做到康乐服务运作程序化，康乐服务质量标准化，康乐服务管理制度化。

③ 实施标准化与个性化相结合服务方式。康乐服务项目的多样性带来康乐服务方式的多样性。

### 2. 康乐环境与气氛的质量控制

康乐环境与气氛的质量控制应做到以下几点：

（1）康乐场所的场址选择的质量控制。康乐场所对于空间的依赖性较强，场址选择应科学合理，能够起到烘托康乐项目的质量效果而满足宾客的生理与心理需求。

（2）康乐场所的空间布局。康乐场所良好的空间布局应能够既充分利用饭店有限的空间，使场所得到合理的空间与功能分割，又能保证宾客的活动与服务人员的服务提供顺畅而又不相互干扰；既能功能分隔明显又能动静结合。

（3）设施设备的质量控制。主要控制设施设备的工作噪声和运作状态，防止由于设施设备的工作噪声和不良的运作状态影响康乐环境与气氛的质量。

（4）声、光、电、湿度的有效控制。声、光、电、湿度的有效控制应根据康乐场所和康乐项目的不同而有不同的选择与控制。

（5）服务环境的质量控制。康乐项目都是顾客参与型项目，客人的活动与服务人员提供的服务混杂在一起，现场的服务环境控制与服务管理相对较为困难，需要配备服务素质高、专业技术水平好、有较强应对突发事件能力的服务员，以保证康乐服务环境得到较好的控制。

### 3．康乐安全质量控制

（1）康乐安全问题。主要体现在以下几方面：

① 因设施设备问题而造成宾客的伤害。

② 偷盗。

③ 名誉损失。

④ 打架斗殴。

⑤ 黄赌毒。

（2）康乐安全控制与管理。是指饭店为了保障在康乐场所的宾客、员工的人身和财产安全以及饭店自身的财产安全而进行的计划、组织、协调、控制与管理等的一系列活动，从而使在康乐场所的相关人员能够得到安全保障。康乐安全控制与管理内容包括：

① 制定科学、完善的康乐服务设施设备使用标准与服务工作程序规范，对康乐部的设施设备进行安全质量控制与管理，对服务人员进行安全意识、安全知识教育和服务的安全行为控制。

② 对康乐场所各区域的环境进行安全质量控制，包括设置专门的机构和保安人员维护康乐场所的秩序，设置各种安全设施设备等。

③ 各种安全管理制度的建立与管理。包括安全管理方针、政策、法规、条例的制定与实施，也包括安全管理措施的制定与安全保障体系的构建与运作。

④ 有效的安全组织与安全网络的建立。

⑤ 安全监控系统的质量控制与管理。

⑥ 紧急情况的应对与管理。

4．康乐服务项目服务关键环节（点）的质量控制

康乐服务因其场所的复杂性、服务项目的多样性，其服务的关键环节也有所不同。

（1）健身康体型服务关键环节（点）的质量控制。

① 技术性服务与技术指导的质量控制。康乐服务人员承担着为宾客提供技术指导、组织比赛、规则询问、专项咨询、陪练陪玩等服务任务。

② 运动伤害防护与急救处置的质量控制。健身康体型服务有时会因设施设备的操作不当，宾客自身运动方式、运动时间不当等原因，造成宾客身体伤害。

③ 场所与宾客的安全控制。场所与宾客的安全控制主要有人身的安全控制与宾客财物的安全控制。

（2）休闲娱乐型服务项目服务关键环节（点）的质量控制。休闲娱乐型康乐场所人员流动性大，环境复杂，不安全因素多，因此其服务关键环节（点）的质量控制主要包括：

① 现场督导与控制管理。对有较大安全隐患的相关场所的安全防范以及对一些具有较高危险性健身项目的现场进行指导与安全控制。

② 紧急情况的应对与处理。康乐场所的人员比较复杂，经常会出现一些突发事件，服务人员就应具备较强的应变能力，能及时对突发事件做出反应。

# 第二节　康乐服务质量控制的方法

 ## 学习目标

★ 了解康乐服务质量控制的含义。

★ 掌握康乐服务质量控制的方法。

 ## 相关知识

康乐服务质量控制是指采用一定的标准和措施来监督和衡量服务质量管理

计划的实施情况，并随时纠正出现的偏差，实现康乐服务质量管理的目标。不同档次的康乐部门应该制定不同的康乐服务质量标准。它包括制定服务质量标准体系和建立服务质量控制体系。

# 一、康乐服务质量提高的五个阶段

## 1. 服务质量

服务质量是指被调查的康乐部 60% 以上的宾客，对 60% 以上的康乐服务项目满意时，康乐服务即达到服务质量控制的最低限度。这时的服务状态表明，客人期望内的基本服务质量是稳定的，其中的多数客人不会产生不满意的感觉，达到了服务质量控制的最低目标。

## 2. 规范服务

规范服务是指康乐部的例行服务工作都是按标准操作完成的。康乐部的例行服务工作主要是指每个消费者都要接受的那部分服务，比如迎宾、接受保健服务、使用康乐设备等。在实现规范服务的状况下，表明康乐部的服务规程、操作方法和服务语言都经过了专门设计，具有明显的专业化管理特色，能够给客人留下别具一格的深刻印象，形成了康乐服务管理的核心技术和竞争优势，达到了康乐服务管理的较高程度。同时，规范服务水平越高，超常服务内容也越少。

## 3. 超常服务

超常服务是指康乐部的一般服务人员就能够满足宾客偶尔提出的额外服务要求。这时的服务状况表明，康乐部不但能够严格执行各项规程，而且可以根据不同客人的不同情况，迅速有效满足其个别的服务需求，使康乐服务能够超出客人的期望。

## 4. 优质服务

优质服务是指康乐部 90% 以上的宾客，对 90% 以上的康乐服务项目的服务状况满意。并且，高于 90% 的程度越大，越能说明康乐部服务质量的优异。这时的服务状态表明，绝大多数宾客对饭店的康乐服务是满意的，饭店已经能够树立起良好的康乐服务形象。

## 5. 个性服务

个性服务是指康乐部能够尽量满足客人提出的所有服务要求。在这种服务状况下，客人的期望得到充分满足，得到最高的满意感觉。但是，它是以客人承担所有服务项目费用为前提条件的，因此，对于大多数康乐部来说，并不是服务质量管理追求的目标。

认识服务质量提高的五个阶段，可以使我们把握服务质量管理水平的客观规律，明确不同服务水平阶段中的不同控制重点。

## 二、康乐服务质量控制的方法

### 1．制定服务质量标准

康乐服务与康乐消费的统一性，决定了康乐产品中服务质量是不可能经过检验合格后再向客人提供而获得质量保证的，康乐服务质量只能依赖于服务过程中的质量控制。而进行有效控制的首要条件，就是制定科学、实用的质量标准，并做到每一项控制工作都依照这些标准来进行。

饭店康乐部的服务质量标准应包括下列内容：

（1）卫生要求。

① 营业场所的环境卫生。

② 客用设备、用具的卫生。桑拿、美容、美发、游泳池、浴室内与皮肤直接接触的设备、用具、用品、口杯等，必须一客一换，必须一客一消毒；客用棉织品必须一客一换，或者使用一次性用品。

③ 员工个人卫生。

④ 其他要求。如员工的仪容仪表等。

（2）安全要求。

① 安全检查。服务人员要严格按计划对康乐设备进行维护保养，使其外观和性能都处于完好状态。每天开始营业前，必须对设备的关键部位进行测试和检查，以确保各衔接部位牢固，客人使用时不发生任何安全问题。电源、电器等设施必须有安全保险装置，以备事故发生时的应急之需，将安全事故的损失降到最低。

② 安全操作。服务人员应严格按照康乐设备的使用说明对客人提供服务，并在服务过程中关注客人使用康乐设备的方式是否正确。同时，应该向客人，特别是第一次使用本店康乐设备的客人，不厌其烦地解释、示范康乐设备的正确使用方法，为使用器械的客人进行安全装置的检查及进行必要的运动保护，劝阻客人有碍安全的不规范使用方式。

③ 财产安全。财产保护工作做得比较出色的康乐部会赢得宾客的信任和支持。因此，应高度重视客人的财产安全，为客人提供相应的财产保护方法，如提供物品寄存处、更衣柜、保险箱，停车场设专人负责值勤，并制定安全巡逻

检查制度，给客人以安全感。

④ 生命安全。饭店康乐部为保证宾客和员工的生命安全，在建立健全消防、治安、卫生防疫和劳动保护的规章制度和配备完善的有关设施设备的过程中，对有关管理职责必须提出检查、考核、处理工作的时限，制定值勤规范，制定月事故发生率、破案率和破案速度的指标。

（3）服务态度要求。服务态度在服务质量标准中占有最重要的比重，它主要通过职业微笑和服务用语表现出来。

① 职业微笑的要求。是指当服务人员在客人到达、离开和在工作通道上遇见客人时，以及服务人员为客人提供操作服务或听清客人的吩咐时，其面部表情应该有反应。职业微笑属于专业服务技术范畴。它并不必然反映员工发自内心的热情、友善的服务态度，而只是一项服务规程，服务人员必须人人执行。

② 服务用语的要求。服务操作时有无语言，客人的感受是完全不同的，服务用语是与宾客心理交流的"金钥匙"，是康乐服务的核心服务技术，也是服务质量的重点和难点，具有明显的不可仿照性和不可替代性。员工熟练使用标准服务用语是饭店实现康乐规范服务的重要标志。

（4）服务效率的要求。员工工作效率低是康乐部出现客人投诉的最主要原因之一。因此，制定的服务质量标准应有明确的效率要求，对服务工作中的各个环节都应有时限的要求。

## 2. 严格执行既定的服务规程和质量标准

质量管理的关键环节是有关管理人员反复检查、监督服务人员执行服务规程和标准的情况，并且使之制度化、日常化、规范化、标准化，要把检查和监督作为部门中各级管理人员的主要日常工作，这样，才能保证服务质量标准的落实。另外，必须根据检查结果对服务人员按照服务质量管理制度进行奖惩，才能真正地及时地纠正服务人员不规范的服务行为，教育本部门所有员工树立良好的服务意识，以便最终落实各项服务质量标准。

当然，随着饭店康乐服务和管理水平的不断提高和康乐服务市场的不断完善，康乐部的服务质量标准体系也应该随之做出更加科学、完善的修订。但是，需要特别强调的是，在新的服务质量标准正式执行之前，仍然应该严格执行既定的服务质量标准体系，以免引起不必要的服务质量管理失控的现象。

## 3. 评估和改进服务质量

服务生产与消费的同一性，要求服务质量控制更加具有预见性，以便尽量将客人可能遇到的服务质量缺陷消除在未发生之时，避免"亡羊补牢"的情况。

因此，在服务质量的控制过程中，对服务质量进行客观的评估非常重要。服务质量客观的评估是以客人在消费结束后对康乐服务的反映和评价为依据的，因为这样的质量评估才能真正成为改进服务质量的牢固基础。康乐部可以通过以下渠道获得客人对产品质量的反映。

（1）宾客的投诉。投诉是客人以比较激烈的方式向饭店康乐部反映其服务的质量问题，是饭店康乐部被动获得客人评价其服务质量的主要信息渠道。康乐部如果能认真听取、妥善处理顾客的投诉，不但可以及时发现、纠正服务质量问题，甚至可以化被动为主动，通过处理投诉，使客人感受到饭店康乐部工作人员的良好业务素质，增强客人对康乐部服务的理解和信心。所以，康乐部应以积极的态度，设置专门的渠道和配备专门人员，鼓励、方便客人投诉，并能设身处地为客人着想，挽回不合格服务给客人造成的不良印象。当然，更为重要的是问题解决之后，及时总结经验教训，避免类似的服务质量问题再次发生。

（2）宾客的言行。客人表达对康乐服务产品质量不满意的方式是多种多样的。当这种不满意程度不是很深，或者客人的涵养很高，或者客人的性格内向，或者客人认为其不满意的服务内容并非是其主要预期时，就不选择向饭店投诉。但是，他们会用其他一些方式表达他们的不满。比如不悦的表情、私下的议论、向亲友抱怨等，当然，向新闻单位、消费者协会等饭店外部机构投诉，甚至向法院起诉，也是表达其不满的方式。显然，这些方式给饭店康乐部带来的负面影响比客人直接向饭店、康乐部投诉要严重得多。对此，康乐部管理人员必须有深刻的认识，并注重在服务质量控制中主动观察、主动发现、主动消除客人的不满。有效的方法是从客人的表情及与亲友的讨论中捕捉信息，了解客人不满的内容。

（3）宾客意见卡。康乐部可以采取更加主动的方式了解顾客的意见，其中，收集"康乐部宾客意见卡"是一项持续有效获取信息的方法。

（4）有关员工的反映。康乐部的值班人员、销售人员、服务人员都会直接接触客人的意见和建议，如果这些意见和建议通过他们能够迅速、真实地反映给上级，将会成为改进服务产品质量的可靠信息。

### 4. 进行服务质量教育工作

质量教育是推行质量管理的前提。涉及全岗位、全过程、全体人员的服务质量管理，不可能只依靠管理人员完成，而要靠全体康乐服务人员的积极性和创造性。

康乐服务质量教育工作包括两方面的内容："质量第一"的思想教育和个别服务的意识培养。前者是教育康乐服务人员自觉执行服务规程和标准，后者则是教育他们树立为宾客提供超值服务的精神。严格执行服务规程和标准是提供规范化服务的基础；提供服务规程以外的个别服务是实现超常服务，使客人感受到超值享受的秘诀。只有持续进行服务质量教育，才能逐步培养出自觉、主动控制服务质量的康乐服务与管理队伍，达到服务质量控制的更高境界。

# 第三节　康乐服务投诉的处理

## 学习目标

★　了解康乐服务投诉来源和方式。
★　掌握康乐服务投诉的处理原则。

## 相关知识

### 一、康乐部最容易被投诉的情况

1. 服务效率

这是康乐部最容易被投诉的问题，因此，服务人员听到有客人召唤，应该立即答应；听清客人的吩咐后，应该立即行动；不能满足客人的要求，应该及时说明原因；提供服务应该迅速、准确；对营业高峰期排队等候的客人应说明情况，特别照顾，妥善安排，并表示歉意。

2. 服务意识差

康乐服务对于客人来说属于高级消费，他们有理由要求得到较高的心理和精神满足，服务人员必须提供主动、周到的服务和保持热情、礼貌的态度。

3. 服务人员不礼貌

某些情况下，这是因服务人员工作太忙而忽略了客人所造成的误会。所以，无论工作多忙，服务人员在路遇宾客时，都要使用服务用语问候客人或者让路、示意客人先行；跟客人讲话或者客人跟服务人员讲话时，服务人员应放下手中的工作，切忌边干边听；遇到自己无法满足客人要求的情况，应该去找上级或者其他服务员帮助，务求使客人满意。

### 4. 服务人员索要小费

某些情况下，是因为个别服务人员变相（如暗示）索要小费，使客人　不满意而投诉。小费是国际上通行的客人对服务质量表示满意的表达方式，因此，饭店康乐部必须对收取小费的管理做出明确规定，做好这一环节的控制。

### 5. 宾客的失物无法找回

### 6. 设备维修不及时

康乐设备、用具损坏，服务人员没有及时发现和维修，甚至在客人提出后又没有能够及时通知维修人员或者维修人员不能及时赶到处理。

### 7. 用品不足

康乐用品不足，客人久唤不补或者补不上。

### 8. 宾客在康乐部受到骚扰

宾客在康乐部受到骚扰。比如服务人员走错房间、认错客人或者治安管理不善造成客人受到干扰等。

### 9. 康乐设备、用具、用品、棉织品不清洁

### 10. 宾客的消费权益受到侵害

宾客的消费权益受到侵害。比如，质价不符等商业欺诈行为。

### 11. 客人提出意见和建议遭到拒绝

内容略。

## 二、对宾客投诉的正确认识

一般来说，客人投诉既有积极的一面，也有消极的一面，消极的一面有可能影响饭店的声誉。因为客人通常在受到不公正待遇后，不仅投诉饭店，而且不可能再光顾，甚至还会把这个不愉快的经历告诉他们的亲朋好友。因此，如果忽视了客人投诉或处理不当，将使饭店失去客人并且无法适应日益激烈的市场竞争环境。积极的一面是投诉像一个信号，告诉我们服务与管理中存在的问题。

（1）客人向康乐部投诉表明他们对康乐部是信任的，是充满希望的。客人

只有在相信或希望康乐部能够解决他们的问题时才会投诉。我们不能让客人的这种对康乐部的信任枉费、希望破灭。

（2）客人的投诉可以使我们及时发现服务质量问题，并举一反三，杜绝类似的情况再次发生；同时，康乐部各岗位也可以从这些事件中吸取教训，促进服务质量和管理水平的提高。

（3）客人的投诉可以使我们及时发现设施设备、用具用品存在的问题。康乐设施设备和用具的维护保养是康乐服务管理的重要环节，而顾客作为它们的直接使用者，所发现的问题可以成为第一手资料，为今后改进维护保养工作，再次选购有关设备物品，提供了重要依据。

（4）客人的投诉可以使出现问题的部门和有关个人真正认识到自己所犯的错误。面对客人投诉的压力，许多平时通过内部协调难以解决的困难和问题这时往往会迎刃而解。

（5）投诉的客人往往会再次光顾本店。通过正确处理客人的投诉，解决他们的问题，客人真正实现了作为"上帝"的价值，获得了对服务的满足，从而愿意经常到本店消费。因此，康乐服务与管理人员应该抓住这一有利时机，使客人对本饭店、对本部门的优良服务留下深刻的印象，成为忠实的顾客。

## 三、投诉的来源和方式

### 1. 投诉的来源

（1）来自客人。酒店的客人构成酒店的市场，他们的喜怒哀乐会直接影响酒店的声誉和效益，一般来说，客人的投诉总会事出有因，但可能因感情或情绪的影响而有所夸张，我们首先应做的是，检讨自己为什么会造成客人的投诉，而不是与其在一些细节上纠缠。或因情节真假参半则一定要让其真相大白。无论如何，客人的任何投诉都应成为酒店改进工作的最主要的依据。

（2）来自社会。来自社会即舆论界的批评。尽管它对酒店经济效益产生的副作用是间接的，但所形成的社会副效应及给酒店声誉所造成的损失却是巨大的。要知道，树立好形象并非一日之功，而形象由好变坏则一夜之间即可完成。

（3）来自上级。来自上级的意见有的可能是转达客人的意见，有的可能是上级自己发现的问题，与前两类相比较，这类投诉更富有理性，也更具有针对性，因此，也就对工作更具有现实的指导意义。

（4）来自平级。这类投诉往往容易被忽视，它所造成的压力远不及前三类，即便处理不好后果一般也不会十分严重。然而，酒店是一个有机整体，应特别强调团队精神，如不能有效地处理好各部门横向之间的关系，其结果会造成内部各个岗位的严重不协调和人际关系的极度紧张，最终导致酒店利益受损。

2. 投诉方式

（1）直接向酒店投诉。这类客人认为，是酒店令自己不满，是酒店未能满足自己的要求和愿望，因此，直接向酒店投诉能尽量争取挽回自身的损失。

（2）不向酒店而向旅行代理商、介绍商投诉。选择这种投诉渠道的往往是那些由旅行代理商等介绍而来的客人，投诉内容往往与酒店服务态度、服务设施的齐全、配套情况及消费环境有关。在这些客人看来，与其向酒店投诉，不如向旅行代理商投诉对自己有利，前者费力而往往徒劳。

（3）向消费者协会一类的社会团体投诉。这类客人希望利用社会舆论向酒店施加压力，从而使酒店以积极的态度去解决当前的问题。

（4）向工商局、旅游局等有关政府部门投诉。

（5）运用法律诉讼方式起诉酒店。

站在维护酒店声誉的角度去看待客人投诉方式，不难发现，客人直接向酒店投诉是对酒店声誉影响最小的一种方式。酒店接受客人投诉能控制有损酒店声誉的信息在社会上传播，防止政府主管部门和公众对酒店产生不良印象。从保证酒店利益长远的角度出发，酒店接受客人投诉能防止因个别客人投诉而影响到酒店与重要客户的业务关系，防止因不良信息传播而造成对酒店潜在的客户、客人的误导。直接向酒店投诉的客人不管其投诉的原因、动机如何，都给酒店提供了及时做出补救、保全声誉的机会和做周全应对的准备的余地。正确认识客人投诉对酒店经营管理的积极面，为正确处理客人投诉奠定了基础。对客人投诉持欢迎态度，"亡羊补牢"也好，"见贤思齐"也罢，总之，"闻过则喜"应成为酒店接待客人投诉的基本态度。

## 四、宾客投诉心理

（1）求尊重心理。在酒店宾客感到自己未被尊重，这是投诉最主要的原因。

（2）求宣泄心理。当宾客购买了酒店的产品后，如果他认为有挫折感，就会产生"购买后的抱怨"心理，这种抱怨发展到一定程度就会产生投诉活动。旅客利用投诉的机会把自己的烦恼、怒气、怒火发泄出来，以维持其心理上的平衡。

（3）求补偿心理。宾客希望自己在精神上和物资上的损失能得到补偿。

（4）求公平心理，根据"公平理论"，宾客花了钱而没有获得相应的利益，例如价格不合理、服务设施不完善。

## 五、处理投诉的原则

### 1. 承认宾客投诉的事实

为了很好地了解宾客所提出的问题，必须认真地听取客人的叙述，使客人感到酒店十分重视他的问题。倾听者要注视客人，不时地点头示意，让客人明白"酒店的管理者在认真听取我的意见"，而且听取客人意见的代表要不时地说，"我理解，我明白，一定认真处理这件事情。"

为了使客人能逐渐消气息怒，酒店管理人员可以用自己的语言重复客人的投诉或抱怨内容，若遇上的是认真的投诉客人，在听取客人意见时，还应做一些听取意见的记录，以示对客人的尊重及对反映问题的重视。

### 2. 表示同情和歉意

首先你要让客人理解，你是非常关心他的光临以及那些服务是否令人满意。如果客人在谈问题时表示出十分认真，作为处理投诉的酒店管理人员，就要不时地表示对客人的同情，如"我们非常遗憾，非常抱歉地听到此事，我们理解你现在心情……"

假若酒店对客人提出的抱怨或投诉事宜负责，或者酒店将给予一定赔偿，这就要向客人表示歉意并说："我们非常抱歉，先生。我们将对此事负责，感谢你对我们提出的宝贵意见。"

### 3. 同意客人要求并决定采取措施

当作为酒店代表处理投诉时，我们要完全理解和明白客人为什么要抱怨和投诉；同时当我们决定要采取行动纠正错误，一定要让客人知道并同意我们采取的处理决定及具体措施内容。

如果客人不知道或不同意我们的处理决定，就不要盲目采取行动。首先，我们要十分有礼貌地通知客人将要采取的措施，并尽可能让客人同意我们的行动计划；这样我们才会有机会使客人的抱怨变为满意，并使客人产生感激的心情。

### 4. 感谢客人的批评指教

一位明智的场所总经理会经常感谢那些对场所服务水平或服务设施水平准确无误提出批评指导意见的客人，因为这些批评指导意见或抱怨，甚至投诉，会协助场所提高管理水平和服务质量。

假若客人遇到不满意的服务，他不告诉场所，也不做任何投诉；但是他作为光临场所的客人，会讲给场所以外的其他客人或朋友，这样就会极大地影响场所的未来客源市场，影响了场所的声誉。为此，当场所遇到客人的批评、抱怨甚至投诉的时候，不仅要欢迎，而且要感谢。

**5. 快速采取行动，补偿客人投诉损失**

耽误时间只能进一步引起客人的不满，此时此刻，时间和效率就是对客人的最大尊重，也是客人此时的最大需求，否则就是对客人的漠视。

**6. 要落实、监督、检查补偿客人投诉的具体措施**

处理宾客投诉并获得良好效果，其最重要的一环便是落实、监督、检查已经采取的纠正措施。首先，要确保改进措施的进展情况，再者，要使服务水准及服务设施均处在最佳状态。最后，再用电话问明客人的满意程度；对待投诉客人的最高恭维，莫过于对他的关心。许多对场所怀有感激之情的客人，往往是那些因投诉问题得到妥善处理而感到满意的客人。

投诉的客人的最终满意程度，主要是取决于对他公开抱怨后的关心程度，另外酒店管理者和服务员也必须确信，客人，包括那些投诉的客人，都是有感情，也是通情达理的；酒店的广泛赞誉及其社会名气是来自酒店本身的诚实、准确、细腻的感情及勤奋服务。

值得一提的是，在处理投诉的过程中，我们会遇到不同类型的客人，主要有：

（1）理智型。这类客人在投诉时情绪显得比较压抑，他们力图以理智的态度、平和的语气和准确清晰的表达，向受理投诉者陈述事件的经过及自己的看法和要求，善于摆道理。这类人的个性处于成人自我状态。

（2）火暴型。这类客人很难抑制自己的情绪，往往在产生不满的那一刻就高声呼喊，言谈不加修饰，一吐为快，不留余地。动作有力迅捷，对支吾其词、拖拉应付的工作作风深恶痛绝，希望能干脆利落地彻底解决问题。此时，受理投诉者应当随机应变、灵活处理。一定要保持冷静，态度要沉着、诚恳，语调要略低，要和蔼、亲切，因为你的举动激烈会更影响客人。你要让客人慢慢冷静下来，一般来讲，火暴型客人平静下来的时间需要 2 分钟左右，在这段时间里，主要听取客人述说问题；再则就是表示歉意。在客人平静下来以后，他自然会主动要求你谈谈处理意见，这时让客人得到安慰和适当补偿一般都可以解决问题。

（3）失望痛心型。情绪起伏较大，时而愤怒、时而遗憾，时而厉声质询、时而摇头叹息，对酒店或事件深深失望，对自己遭受的损失痛心不已是这类客人的显著特征。这类客人投诉的内容多是自以为无法忍受的，或是希望通过投诉能达到某种程度的补偿。

## 六、处理投诉的程序

（1）倾听客人诉说，确认问题较复杂，应按本程序处理。

（2）请客人移步至不引人注意的一角，对情绪冲动的客人或由外地刚抵埠的客人，应奉上茶水或其他不含酒精的饮料。

（3）耐心、专注地倾听客人陈述，不打断或反驳客人。用恰当的表情表示自己对客人遭遇的同情，必要时做记录。

（4）区别不同情况，妥善安置客人。对求宿客人，可安置于大堂吧稍事休息；对本地客人和离店客人，可请他们留下联系电话或地址，为不耽误他们的时间，请客人先离店，明确地告诉客人给予答复的时间。

（5）着手调查。必要时向上级汇报情况，请示处理方式。作出处理意见。

（6）把调查情况与客人进行沟通，向客人做必要解释。争取客人同意处理意见。

（7）向有关部门落实处理意见，监督、检查有关工作的完成情况。

（8）再次倾听客人的意见。

（9）把事件经过及处理整理成文字材料，存档备查。

## 案例分析

### 谁应该拿报纸

7月28日，上海阳光大酒店健康中心会员顾客林坤蔚小姐来到该酒店。由于是假期，她在该酒店购物消费后，决定去游泳舒缓一下精神，放松放松身体。顺便从桑拿室拿了一份报纸，打算游泳后边晒太阳边看报。就在她看完报纸，随手放下准备回到桑拿室做面部护理时，一直在旁边的健身中心员工小艾突然拦住她：

"林小姐，你看的报纸忘了拿回去了。"

由于员工小艾在她游泳后晒太阳的过程中一直在旁盯着，弄得林小姐很不自在，现在居然又……林小姐忍不住了："这不是你们员工应该做的吗？还要我帮你们做？"小艾支吾了一下，没说话，才将报纸从泳池拿回来。

林小姐想继续享受休闲乐趣的心情被破坏了。她直接找到健康中心经理："经理，我希望这件事你能够给我一个合理的解释。"

"发生了什么事？"

"你们的员工在顾客消费期间对顾客就是这么不信任的吗？需要一直在旁边盯看吗？我看完报纸后，他还居然要求我把报纸拿回去。你们酒店的制度是这样的吗？员工不主动服务还不算，还要求顾客来做，这个样子谁还来你们酒店？"林小姐的怒气全部发泄了出来。

"居然有这种事？"健康中心经理听了觉得很意外，但马上又道歉说："林小姐你先消消气。我代表我们酒店为员工的错误行为向你道歉。我们一定会严加管理好员工，保证以后不再发生类似的事件。"

"还不止这件事呢。有一次，我在用毛巾清洁面部时，不小心污染了一条毛巾。当时我连忙说我会做出相应的赔偿。赔款以后，那员工每次在我使用毛巾时就盯着我看，这跟监视有什么两样？在这里还有没有人身自由呀？我用坏了东西，我赔，又不是偷了东西走人。真气人，还是五星级酒店呢！"

经理连忙把小艾叫来，对他进行了一番教育后，让他当面向林小姐赔礼道歉。并让其写出保证书反省自己的过失，应吸取教训等，这才平息了林小姐的怒气。

事后，经理特地交代员工应给林小姐相应的会员优惠，同时加强了服务意识的培训和管理，并将此事列入培训档案，提醒员工应注意"主动服务"。

问题：

1. 如果你是健康中心经理，你会如何处理这宗投诉？
2. 你觉得应该怎样来加强员工的服务意识？

# 本 章 小 结

本章介绍了康乐服务质量的内容、质量控制的方法以及服务投诉的处理等，重点介绍了质量控制的方法和投诉的处理。作为康乐部员工，应对服务质量及其内涵、服务质量控制的过程及其目标有一个清楚的认识，并在对客服务工作中有效地加以运用和实践，不断提高职业技能水平。

# 本 章 习 题

1. 康乐服务质量控制的原则有哪些？
2. 康乐服务质量提高有哪几个阶段？
3. 康乐部最易被投诉的是哪几方面？
4. 处理宾客投诉的程序是怎样的？

# 第七章　康乐部的促销管理

## 课程导入

随着市场竞争的日益激烈，在经营康乐业的过程中开展各种各样的促销活动已成为酒店刺激消费者、巩固老客源、开拓新客源市场的重要方式。成功的营销手段对增加酒店收入、提升企业形象具有重大意义。

# 第一节　康乐促销概述

## 学习目标

★ 了解促销的含义和特征。
★ 掌握促销的方式和特点。

## 相关知识

### 一、促销的含义和特征

美国市场营销学会（AMA）给促销下了这样的定义：促销是人员推销、广告和公共关系以外的，用以增进消费者购买和交易效益的那些销售活动，如陈列、抽奖、展示会等非周期性发生的销售努力。而国际营销大师菲利浦·科特勒则认为促销是刺激消费者或中间商迅速或大量购买某一特定产品的营销手段，包含了各种短期的促销工具，是构成促销组合的一个重要因素。

促销最早出现在美国。1853 年美国一家帽子店以买帽子者可享受免费拍摄一张戴帽子照片的优惠，招徕了大批顾客，取得了满意的销售效果。这种促销实质上就是以附带赠送的优惠激发起消费者的兴趣，并促其产生购买行为，从而达到扩大销售的目的。如今的促销已衍生出范围广泛、形式多样、富有技巧、颇具成效的促销方式，如特价优惠、赠送优惠券、折扣优待、赠送礼品、有奖销售、售点陈列、现场演示等，几乎包含了广告、人员推销、公共宣传以外的所有能在短时期内刺激需求和鼓励购买的各种促销手段。因此，我们可以这样界定它的含义：促销是在特定时间内，企业以某种实惠、某种利益或某种机会作为短期诱因，诱导和鼓励消费者达成购买行为的销售活动。

促销有如下特征：

（1）即期效应明显。促销是企业在特定的时间内向消费者提供了特殊的优惠购买条件，因而能给消费者以强烈的激励购买作用。只要方式选择得当，销售效果立竿见影。

（2）形式多样。促销既有能给消费者以实实在在优惠的促销方式，如特价、折扣、优惠券等，也有能激发消费者兴趣和参与热情的奖励活动，如赠送、抽奖、竞赛等。这些方式各具特色和长处，企业可根据实际情况加以选用。

（3）持续时间较短。促销是为某种即期促销目标而专门设计的，通常作短程考虑，不像广告、公共宣传等作为一种连续、长期的活动出现。

促销有强烈的刺激效应和特殊的激励效果，具有其他营销行为不可替代的作用。

其一，沟通企业与消费者。在商品花色品种繁多、规格形式多样、消费者选择余地增大的买方市场条件下，促销可使消费者强烈感受到在促销企业购物的好处，从而对企业和商品发生兴趣，实现企业与消费者之间的沟通。

其二，激励购买行为。一般情况下，消费者的购买行为除受自身消费需求影响外，还会受到外界因素的诱导。促销正是利用可以向购买者提供额外利益的优势，不但能够鼓励和报答现实消费者的重复购买和大量购买，而且可以吸引潜在消费者，激发其产生购买欲望，促成其购买活动。

其三，突出企业形象。在激烈竞争的市场环境中，各企业提供的许多同类商品差别甚微，这时，企业运用促销既可宣传自己，还可帮助消费者认识购买本企业商品所获得的特殊利益，从而在市场上树立企业以诚待客、优惠让利的独特形象。

其四，抵御竞争对手。当竞争者大规模地发起促销活动时，企业通过采取针锋相对的促销措施，可以有效地抵御和击败竞争对手。

在此，需要特别注意以下三点：

（1）促销必须要明确对象。促销的对象应该是企业现有的目标顾客或潜在顾客，以及对目标顾客行为有影响的群体，如购买的决定者、影响者等。

（2）促销活动的核心是沟通。随着经济的发展和人民生活水平的提高，消费者的需求已从"量的满足",发展到"质的满足",甚至"感性消费"。因此,现代企业促销的核心在于与消费者的有效沟通,引起消费者的情感共鸣,进而诱导消费者的购买。

（3）促销的最终目的是促成消费者的购买,扩大企业销售。但企业不能指望消费者一接触有关产品的信息就马上购买,所以促销沟通的目标应是一个层层推进的过程、一般可划分为知晓、了解、偏好、信服、购买5个层次,而且越往上走,难度越大。因此企业应根据消费者所处的层级,确定具体的促销目标,推动消费者不断地向更高的台阶发展,当然最终到达顶级台阶的可能只是目标市场中的少数人。

## 二、促销的方式和特点

不同的促销方式具有不同的效果,各种促销方式具有不同的特点。传统的促销方式有:人员推销、广告推销、营业推广和公共关系等。

### 1. 人员推销

企业利用推销人员对顾客通过面对面或者信函、电话等方式推销产品。人员推销方式具有直接、准确和双向沟通的特点。这种方式较灵活,针对性强,容易促成及时成交。但对人员素质要求高,费用也较大。推销人员的任务可分为三类:订单处理、创造销售和专使销售。

推销人员的任务,第一,推销产品。即将企业的产品销售给顾客,它包括传递信息、接近顾客、推销产品、完成销售等,这是推销人员的基本任务。第二,开拓市场。推销人员不仅要注意市场调查,而且要进行经常性调查研究,寻找新的客户,开拓产品销路,发掘新的需求市场。第三,提供服务。即了解顾客需求,提供产品信息和服务信息,帮助顾客选择,及时办理手续等。第四,树立企业形象。推销人员的形象在某种程度上代表着企业的形象,因此,推销人员应加强与顾客的沟通,及时将他们的意见反馈给企业,发挥好企业与顾客的桥梁作用,使顾客对企业产生好感和信赖,树立起企业在顾客心中的形象,从而达到促销的目的。

### 2. 广告推销

广告,简单地说就是广而告之,商品经营者或服务提供者承担费用,通过一定媒介和形式直接或间接地介绍自己所推销的康乐设施或者所提供的服务。分为广义的广告和狭义的广告。广义的广告不仅包括各种商业性广告,而且包括政府部门的通知、公告、声明及各式各样的启事等。狭义的广告,是指传播有关商品和劳务信息的手段。

在现代社会中，广告已成为人们经济生活中必不可少的组成部分。有人认为现代人生活在广告中一点也不过分，它不仅对人们的购买行为产生影响，而且也影响着人们的消费习惯、生活方式。

广告是通过报纸、杂志、广播、电视、广告牌等广告传播媒体形式向目标顾客传递信息的。采用广告宣传可以使广大客户对企业的产品、商标、服务等加强认识，并产生好感。其特点是可以更为广泛地宣传企业及其商品，传递信息。传播面广，容易引起大众的注意，并且形式多样。但说服力小，不能直接成交。

确定了广告的媒体之后，还必须根据不同媒体的特点，设计创作广告信息的内容与形式，立意应独特、新颖，形式要生动，广告词要易于记忆，宣传重点要突出。切忌别人看了广告后，却不知道广告要表达的是什么产品、有什么特点。广告应达到讨人喜欢，独具特色和令人信服之效果，或者说要达到引起注意，激发兴趣，强化购买欲望并最终导致购买行为。

广告促销策略运用得是否恰当，与企业的发展有着直接的关系。

3．营业推广

企业为了正面刺激购买者需求而采取的诸如展览会、式样"样品"、有奖销售、减价折扣或在一次大量购买中给予优惠等多种方式均属于营业推广。其共同特点是可有效地吸引客户，刺激购买欲望，因而促进销售的效果显著。但是营业推广长期使用，往往会引起消费者的反感，容易造成消费者对企业的误解，如长期采用降价、有奖销售等方法就容易形成这种影响。

营业推广是企业常用的促销手段，它包括的范围很广，除了广告、人员推销和公共关系外，任何刺激消费者购买的促销手段都属于营业推广的范畴。营业推广以灵活多样的方式在短期内迅速达到销售高潮，对于刺激新产品的早期需求，加强竞争都有显著的效果。

4．公共关系

为了使公众理解企业的经营活动符合公众利益，并有计划地加强与公众的联系，建立和谐的关系，树立企业信誉的一系列活动，即属于公共关系。其特点是不以短期促销效果为目标，通过公共关系使公众对企业及其产品产生好感，并树立良好企业形象。企业公共关系的目的不仅在于促销，还具有为企业的生产经营创造更为和谐的营销环境的特点。

公共关系的主要任务是沟通和协调企业与社会公众的关系，以争取公众理解、支持、信任和合作，实现扩大销售。这一任务决定了其工作的主要内容是如何正确处理与公众对象的关系。企业的公共关系工作是现代企业管理的产物，它对企业产品的销售工作有着重要的作用，企业应注意加以利用。

# 第二节　康乐促销方式

## 学习目标

★熟悉促销方式的使用。

## 相关知识

在营销组合中，促销手段的重要性日渐提升。事实上，营销活动能否取得预期效果，产品是前提，价格是调节工具，分销是通道，促销是助推器，服务是最终保障。当代社会日趋信息化，酒香不怕巷子深已不再是人人坚信的商业哲理。离开了促销，尤其是进入市场早期的营销活动，相当一部分产品将难以立足市场。

### 一、信息沟通方式

酒店康乐产品和服务信息，企业的能力和形象，需要借助各种沟通渠道、媒介和方式才能向市场和社会传播。企业与顾客、市场和社会沟通的方式主要有 4 种形式：一是广告；二是人员推销；三是营业推广；四是公共关系。4 种形式和具体手段的运用称促销组合，不同促销方式、手段各有特点和优劣之处，营销企业应以不同策略实施产品或企业的促销推广。

### 二、信息沟通过程

信息沟通过程一般包括以下 9 项要素：

（1）信息发送者。即信息源，主要指营销企业向外界发送信息。

（2）信息编码。即营销信息编制成便于传播和接收的信息形式。

（3）信息内容。即传播的实质要素。

（4）信息媒体。如电视、报刊、网络、广播、建筑设施等能够向接收者传播信息的渠道和载体。

（5）信息接受者。接收信息的消费者、厂商及其他组织。

（6）译码。即信息接收者收到并了解信息的过程。

（7）反应。指信息受众对信息的识别、理解和判断，并形成是否需要、购买的动机。

（8）反馈。信息受众对发送者的信息，可能直接或间接地向其反馈，或在有限空间内表达出反馈信息。

（9）干扰。这指信息传递过程中因环境和受众因素，信息接收者得到的信息与发送者预期的目的和内容不一致，如在促销优惠条件方面，信息接收者与发送者的理解较容易产生偏差。

信息沟通能否取得预期效果，企业在运用促销方式和手段时应当做好以下6项工作：

（1）确定目标受众。即信息的传递对象是目标市场及相关领域中的哪些人和团体。

（2）明确受众反应和沟通的内容。即受众是否需要、购买产品或对发送者的信息有何建议和意见。

（3）设计信息的内容与表达形式。有理性、情感、道德等不同的诉求类型，有不同的信息内容组合结构，有各种各样的信息形式。

（4）选择信息传播媒体。信息沟通的形式如广告、营业推广和人员推销，一般根据产品特点、产销关系和竞争状况来决定。

（5）选择信息发送主体。即选择哪些人、哪些场所、哪个传媒企业以及哪个信息表述者发送信息更加有效。

（6）收集反馈信息。通过收集反馈信息，既能了解受众的反应及促销的效果，又便于企业调整促销方式、策略乃至其他营销手段。

## 三、促销预算

企业的促销活动需要一定的经费。不同促销方式的支出水平不同，不同营销目标、目标市场需要投入的促销成本不同，促销需要预算控制。

不考虑促销的具体目的，预算的方法有以下4种：

（1）根据企业的财务负担能力，确定促销预算：促销产生了较好的经济收益，下一轮促销预算可以增加。

（2）销售比例法：即根据前期的销售额实绩，根据行业惯例和产品特点，按销售额的一定比例（如3%或5%）安排促销预算。

（3）竞争比较法：即根据企业竞争目的和竞争对手或竞争品牌每年大概的促销费用，安排促销预算。

（4）目标要求法：即根据销售额、市场占有率或品牌形象等营销目标和历史资料，运用某些技术参数确定促销预算。

现在国外的康乐企业的促销活动，花样繁多，概括起来，有以下几种方法：

（1）开业和重新装潢促销：竞争使酒店不断地翻新装修以吸引喜新厌旧的

顾客，并在促销上大做文章，以获得人们的注意。很多酒店的顾客群是固定的，而任何一成不变的东西总有使人不再有新鲜感的时候。在模棱两可的情况下，老顾客会怎么选？好奇心理甚至朋友推荐形成的良性循环会使您名气更甚。一个好的装潢设计方案可以既省钱又做到耳目一新的感觉。

（2）打折促销：先巧立一个名目，例如：开业几周年店庆，或某明星即将住本酒店等，然后以此为借口给新人提供优惠卡（一般淡季为有效期）。借题打折促销的优点是能够提高酒店的名气，而具体操作则根据酒店经营情况而定。

（3）赠送礼品：住店走出门就是我们的活广告。赠送的某些东西完全可以使他们的朋友亲戚记得我们的形象。除了把酒店内的服务做好，酒店外的服务是一家酒店无形的资产。礼品定位可以稍微独特。

（4）异业联盟：与已经成功的企业联手做促销是近几年来风行起来、且行之有效的方法之一。因为与成功企业的联手，会使你的酒店的档次及可信度提高，大大提高眼球效应。具体的方法大致有以下几种：

① 购买某种产品或某项服务，可以获得一张到某酒店康乐中心的优惠券；你来住宿，可获得一张购买某种产品或某项服务的优惠券。

② 酒店与某某著名公司联合做促销，或酒店做促销活动，注明得到了某某著名公司的赞助，以此来增强本酒店在当地新人心中的影响力。诚然媒体类公司（比如电视台）、婚礼策划类公司是首选。

（5）同业联盟：在一些竞争比较良性的地区会有采用，一般分两种情况：

① 一同做促销或者一同做"秀"。这样做的好处是可以扩大影响，共同承担宣传费用；增加名声并不意味着一家的客源会被抢夺。

② 占领不同细分市场的互相"关照"，特别是地域之间的联合。

（6）做"秀"接单：一般会选在双休日或节假日，在大商场的门口或商业中心的广场上，做动态的服务秀或静态的服务秀，由专业的模特和专业的主持人来主持会场，以非常热烈的现场气氛，提升酒店在本地的排名。

（7）幸运抽奖：只要你到我酒店住过，您就有机会赢取大奖。一开始，一般可以准备一些小家电、结婚用品什么的，再后来，抽奖的金额可以不断提高。这里有一点需特别注意：《广告法》规定抽奖活动的最高奖金不得高于5 000元。一旦不小心超过了这个最高限，将会遭到工商部门的重罚。对此请特别注意。

（8）市场调查。某些时候，市场调查的表格也是一种广告，另外可以通过调查活动，更确切地知道自己酒店的弱点，从而采用相应的定位。

（9）主动促销的酒店，甚至通过当地的婚姻登记处，了解到了本地区全部的当年登记的新人的详细情况，然后用频繁的商业信函展开行销的攻势，也是比较高明的一种。

（10）会员制促销。会员制是现代社会经济高度发达的产物，是发展本行业文化、扩大影响的手段。实行会员制可以为康乐企业或酒店康乐中心招徕一批固定顾客，保证企业有稳定收入，同时也可以带动其他服务项目的消费。娱乐业，尤其是高档的娱乐场所多采用会员制方法进行促销。值得一提的是，近一两年来大多数精明的经营者把目光投向了潜力广大的工薪市民阶层。以优质的服务、典雅的环境、适中价格去获取这一最大消费市场。

促销的原则是变被动为主动。当然，做好了形象，酒店的客源和价位自然上去了。并且通常在当地找对了定位，企业的发展空间将会非常巨大。

# 第三节　康乐促销策略

## 学习目标

★ 掌握促销的策略。

## 相关知识

广告、人员推销、营业推广和公共关系 4 种方式和手段在营销活动中结合起来，或有重点地交替运用，即促销组合。具体的促销组合基于促销目标、产品特点、促销预算以及不同促销手段的特点。从组合的角度看，促销策略有 2 种基本思路：一是推动，也称推的策略；一是拉引，也称拉的策略。无论推动还是拉引，都要针对消费者或用户有购买准备的若干阶段，以不同的促销组合针对不同的阶段，提高各促销手段在不同阶段的作用力和效率。

## 一、广告策略

广告是一种高度大众化的信息传播方式。由于广告媒体众多，广告信息的社会影响大，市场渗透力强，借助现代传媒，广告信息的表现力也很强。利用广告形式传播信息，既可扩大产品销售，又能树立企业形象，但广告的促销成本较高，尤其是电视广告。

与广告宣传的目的相联系，广告分 4 种基本属性：告知、劝导、辨别和提示。新产品上市之际的广告宣传注重告知，略带劝导；大部分消费者对产品有兴趣但尚未付诸购买行为，劝导的含义必须充分体现于广告信息；同类产品竞争替代激烈，广告宣传的重点无疑要帮助消费者辨别产品及供应商，让消费者选择本企业的产品；产品的保有率很高，销售量主要由更替性需求决定，为提醒消费者适时更替，广告信息的着眼点应当提示和鼓励更新消费。实施广告策略，从事广告策划，明确广告的属性非常重要。

在预算的基础上，广告策略的要点是根据促销目的，对各种广告媒体的比较选择。受众或目标市场受众对不同媒体的接触状况不同，报刊、电视、广播、邮寄和户外广告，一次投入的平均接触频率也不同。报刊的发行量、每份报刊的读者人次相对稳定，接触率容易估计。

电视广告的接触率相当高，但不同频道、时段的差异巨大。人流集中的户外广告接触率较高，公交广告与出租车广告都是流动性广告，出租车行驶没有规则，而公交车路线固定，接触对象也就不同。直接邮寄的广告宣传品，如邮政广告对象明确，但究竟多少人愿意看或无意中接触广告信息，恐怕很难估测。选择广告媒体不难，但在预算约束下，不同媒体的预期效果不易把握。因此，从成本的角度看，每千人或千人次接受广告信息所发生的广告成本，是广告媒体和策略选择的经济方法之一，简便易行。

广告策略的另一个着眼点是广告的投放时机。大部分产品或服务存在消费的淡旺季，在某些节假日和重大社会事件发生之际，报刊销量和电视受众剧增，同一电视频道在不同的时段，受众的数量有很大差异。广告的黄金时间是晚上7点到10点，此时段的受众最多，部分频道、节目的收视率很高，广告信息的接触率也高，而此时段的广告费标准也是最高的。

除了广告信息的设计与内容表达，广告媒体和投放时机是广告策略的两大基本选择，关系到广告效果的好坏。广告效果的评价，一是对信息传递效果的分析评估，二是对销售业绩变化的效果评估，而广告促销能否有效地覆盖目标市场和潜在用户，则是广告策略及其效果的核心问题。

## 二、人员推销策略

人员推销是一种传统的销售方式。人员直接向消费者或可能的用户推销产品，既是销售活动，也是信息互换的促销过程。在四种促销方式中，人员推销对信息传递的作用不明显，受推销人员数量和活动领域的限制，但对具有购买意向的用户产生购买行为，人员推销的作用明显甚至非常关键。

人员推销的目的不仅是实现销售或增加销售量，发现并培养新的顾客，向顾客传递产品或服务的信息，介绍关于产品以及相关方面的知识并解答某些问题，通过推销了解顾客需要和分析市场，为营销决策提供第一手参考资料，都是推销的目的。良好的人员推销也有助于提升企业形象，巩固和扩大客户规模。

人员推销可以是推销员对顾客、推销小组对厂商用户这类——对应的方式，也可采用专题会议形式，将顾客相对集中起来，由技术或商务专家介绍产品，由推销人员分头洽谈业务。从营销组合的角度看，推销人员又属于企业分销体系的要素，可以按不同地区、不同产品的分销特点，设立人员推销的组织结构，也可以按顾客对象组织不同的人员推销，如对家庭和厂商两类客户分设两个机构，或在市场潜力大的地区按对象设立机构。

人员推销的效果主要取决于推销人员的数量与素质。从一般意义上说，推销人员要懂得与产品有关的专业知识，了解购买心理和商务知识，具有一定的文化素质和职业道德。因此，建立一支高素质的推销员队伍，对推销人员的年龄、文化、智商、口才和行为道德有较高的要求，定期对销售人员进行培训教育。企业的销售人员达到一定的规模，具备了较好的素质和结构，人员推销能否有效地实现促销和营销目的，需要科学的督导、激励等管理制度和方法。按实际推销业绩支付工资奖金的方法有利于调动推销人员的积极性，也容易造成推销活动失控的局面。强调管理监控，收入分配平均，显然难以发挥推销人员的聪明才智。我国企业界对推销人员的管理，较容易犯前一种错误。有效的管理制度与分配方法，是对各推销人员（或小组）的销售业绩或超额业绩，给予两种不同的物质奖励：一是即期现金奖励；二是中远期福利性奖励。此外，由于不同推销人员面对的市场潜力有大小、环境条件不同，业务绩效明显的推销员可能违反企业的规范要求，销售业绩不突出但顾客反映良好的推销员不应受到冷落。用绩效与奖励弹性挂钩的方法既激励人，又稳定队伍。

康乐企业全体员工的全员推销意识，是一种非常有效的营销方式。全员推销是指康乐企业全体员工都将自己看做推销员，抓住一切机会推销本企业康乐设施服务项目。康乐企业工作人员每日与客人接触的时间很多，其现场推销效果非常明显，因此，康乐企业必须充分重视全员推销的工作。

## 三、营业推广策略

利用营业场所介绍、展示产品，鼓励购买的方式方法，称营业推广。营业推广的推销作用一般介于广告和人员推销之间，信息传递功能弱于广告，购买激励强于广告，与推销相比恰好相反。营销推广同时也离不开广告和人员推销，广告可以传递企业营业推广的时间、地点和内容，营业场所的介绍、演示、解答和购买主要由推销人员承担或参与。

营业推广策略首先表现为推广场所的选择。在促销目的明确以后，需选择确定以本企业营业场所还是中间商的营业场所进行推广，在交易市场还是在展示博览会上设立展位，选择哪些中间商作为营业推广的合作伙伴，等等。

营业推广策略也表现为选择促销与购买奖励的具体形式和内容。在营业推广期间，营销企业可以向购买者赠送礼品、新产品样品、优惠券，实行有奖销售、摇（对）奖或交易印花，在推广现场展示介绍产品，鼓励顾客尝试。从总体上看，营业推广以展示介绍和销售激励两大内容构成，展示的地点、时间确定后，介绍产品的形式、技术方法和载体条件要有创意。在销售奖励方面，明确奖励的对象、重点和期限，承诺奖励的规模和比例，取信于顾客。

## 四、公共关系策略

在促销组合中，公共关系这一方式已经得到企业的重视。相对于其他促销手段，公共关系对销售的直接促进作用并不明显，但公关手段运用得当，不仅能改善企业与社会各界的沟通和联系，促进企业和品牌形象的提升，而且在克服突发事故对企业营销活动的影响方面，有其独到的功效。

公共关系的涉及面很广，泛指企业外部各个方面。公共关系的对象众多但载体单一，传媒既是公关的主要载体，又是公关的对象。离开了传媒，公关活动的影响力和效果大打折扣。

公共关系的基本目的，是通过信息、情况的沟通，使企业在公众和目标市场形成良好的社会形象，不断提升其社会形象。从技术方法上看，企业在公众中的社会形象分总体形象和有效形象。总体形象泛指公众对企业的评价，有效形象是指企业的特点、优势已被公众认可和接受。为了提升企业的两种形象，企业应运用多种方式，利用某些活动和事件，向社会公众传递有关企业或产品的信息，在不发生广告性支出的前提下，由传媒宣传报道有利于企业的各种信息。

实施公关策略，企业可选择的方法不少，但要强调运用得当，在情在理。最常用的方法，是利用新闻或创造新闻。但要避免在公众中产生炒作和有偿新闻的嫌疑。无论是企业内部的事件还是企业与社会的联系，有新闻价值、社会意义的题材要尽量发掘，主动编制。公益活动讲究社会效益，因此，主动筹办公益活动或积极参与公益活动，是企业实施公共策略的有效方法。关心社会公益事业的企业是可信的、受尊重的，当然也具备经济实力。举办专题性报告会、纪念活动或科普活动，较容易把企业的产品和技术优势展现于公众，而关于企业及产品、技术、财务与管理的介绍材料、小册子或音像资料，如果装印精美，用语准确，也是给公众和客户留下良好形象的载体形式。在诸多商业活动如电影、电视剧拍摄、运动俱乐部建设和运作中，企业提供经费予以协作或冠名，也是扩大企业影响、提升企业形象的有效途径。

在公共关系的基础上，形成企业形象识别体系 CIS。CIS 不仅向社会公众展示视觉形象，而且还体现企业的行为识别和理念识别。企业形象识别主要基于行为与理念。实施 CIS，企业由促销角度运用公关策略，上升为理性化、系统化并从企业战略的高度运用这一手段，因而是营销管理的进步和提升。

## 案例分析

### 一次成功的升级促销

某晚，某饭店的前台接待员小张接到一位美国客人从北京打来的长途电话，说三天以后将光临该饭店，想预订周末的标准套房两间外加 VIP 桑拿洗浴服务。

小张马上翻阅了一下预订记录表，回答客人说由于近几天饭店会议接待较多，标准套房已经全部订满，VIP 桑拿洗浴服务也较为紧张。但小张讲到这里并未马上把电话挂断，而是继续以关心的口吻询问："您是否可以推迟 2 天来？要不然，请您直接打电话与××饭店联系询问如何？"

美国客人说："我们对广州人地生疏，你们饭店知名度较高，还是希望你给想想办法。而且在店内桑拿洗浴也较为方便，听说你们饭店的桑拿洗浴中心服务很好。"

小张考虑了一下，认为应该尽量使客人得到满意的服务和接待，于是以商量的口气说："非常感谢您对我们饭店的信任，我很乐意为您效劳，我们也非常希望能够接待像您这样的尊贵客人。请不要着急，我建议您和朋友准时来广州，先住两天我们饭店内的豪华套房，每套每天收费只多 100 美元，在套房内可以眺望珠江优美景色，室内设施齐全，空间宽敞，服务一流，十分舒适，相信您入住后会十分满意的。而且，对于豪华套房的客人，我们将会赠送面值 200 元人民币的现金消费券，供您在饭店内的桑拿洗浴中心消费使用。"

小张讲到这里稍稍停顿，以便客人思考。美国客人稍稍沉默了几分钟，似乎有些犹豫不决。小张又接着说："想必您并不会单纯计较房金的高低，而是在意豪华套房是否物有所值。请问您什么时候乘哪趟班机来广州？我们饭店会有免费巴士在机场迎接您，到饭店以后我可以陪您和您的朋友去参观一下豪华套房，到时您再作决定，您觉得怎么样呢？"

美国客人听小张这么讲，反倒没有坚持要参观豪华套房，而是感谢小张的热心介绍，答应先预订两天豪华套房，只是一定要满足 VIP 桑拿洗浴服务的要求。小张表示没有问题，称会尽量介绍优秀的按摩技师给客人。最后，客人十分满意地挂断了电话。

问题：

（1）请问在日常前台接待工作中，应如何迅速把握宾客的核心需求？

（2）从宾客心理角度考虑，如何适时开展有效促销？

（3）本案例中的服务员小张对客服务中的做法，你认为哪些值得借鉴？

# 本 章 小 结

本章主要介绍了康乐促销的方式和促销策略。通过学习，使学生了解康乐促销的方式方法和基本策略，为做好康乐部的销售和管理工作打好理论基础。

# 本 章 习 题

1．康乐促销方式主要有哪些？

2．人员推销策略如何实施？

# 参 考 文 献

[1] 董晓峰. 康乐部服务与管理. 大连：东北财经大学出版社，2000.

[2] 林清波，吴俊伟，陈秀忠. 现代饭店康乐经营与管理. 广州：暨南大学出版社，1998.

[3] 刘哲. 康乐服务. 北京：旅游教育出版社，2000.

[4] 刘哲. 康乐服务与管理. 北京：旅游教育出版社，2003.

[5] 万光玲，曲壮杰. 康乐经营与管理. 沈阳：辽宁科学技术出版社，1996.

[6] 吴克祥，周昕. 饭店康乐经营管理. 北京：中国旅游出版社，2004.

[7] 周彬. 现代饭店康乐管理. 上海：上海人民出版社，2001.

[8] 朱瑞明. 康乐服务实训. 北京：中国劳动社会保障出版社，2006.

[9] 康体娱乐人才网